山西省"1331工程"重点学科建设计划——哲学资助

Dennett
丹尼特

Tadeusz Wieslaw Zawidzki
〔加拿大〕塔德乌什·维斯劳·扎维德斯基 | 著
宋尚玮 | 译

中央编译出版社
Central Compilation & Translation Press

图书在版编目（CIP）数据

丹尼特／（加）塔德乌什·维斯劳·扎维德斯基著；
宋尚玮译. —北京：中央编译出版社，2021.7
书名原文：Dennett
ISBN 978-7-5117-3958-2

Ⅰ. ①丹… Ⅱ. ①塔… ②宋… Ⅲ. ①心灵学－哲学－研究 Ⅳ. ①B84

中国版本图书馆 CIP 数据核字（2021）第 115395 号
著作权合同登记号：01-2020-5805

@ Tadeusz Zawidzki 2007 together with the following acknowledgment: This translation of Dennett is published by Central Compilation & Translation Press by arrangement with Oneworld Publications through Bardon Chinese Media Agency.

丹尼特

责任编辑	刘　溪
执行编辑	郑永杰
责任印制	刘　慧
出版发行	中央编译出版社
地　　址	北京西城区车公庄大街乙 5 号鸿儒大厦 B 座（100044）
电　　话	（010）52612345（总编室）　　（010）52612362（编辑室）
	（010）52612311（营销部）　　（010）52612315（新技术部）
传　　真	（010）66515838
经　　销	全国新华书店
印　　刷	北京时捷印刷有限公司
开　　本	710 毫米×1000 毫米　1/16
字　　数	225 千字
印　　张	14.75
版　　次	2021 年 7 月第 1 版
印　　次	2021 年 7 月第 1 次印刷
定　　价	65.00 元

新浪微博：@中央编译出版社　　微　信：中央编译出版社（ID：cctphome）
淘宝店铺：中央编译出版社直销店（http://shop108367160.taobao.com）　（010）52612322

本社常年法律顾问：北京市吴栾赵阎律师事务所律师　　闫军　梁勤
凡有印装质量问题，本社负责调换，电话：（010）52612317

感谢索菲亚·扎维德斯基，正是她的工作才使得本书得以顺利出版。也要感谢凯特·扎维德斯基，没有她就没有索菲亚。

序　言

我带着对丹尼特工作的一些基本假设开始这本书的写作。从本科决定主修哲学开始，我读了很多有关丹尼特的文献，许多年过去了，我已经接受了人们对他工作的共识性评价：不可否认，他的工作既有创造性又很重要，尽管如此，人们却认为这些工作缺乏哲学深度而且不成体系。大家一致认为，他的工作零碎散乱，其中虽有对人类本性的哲学思考与科学研究相互碰撞时某些具体问题的睿智探讨，但缺少核心哲学体系的支撑。丹尼特的许多崇拜者对传统哲学体系的过分行为提出质疑，他们反而认为丹尼特的进路有自己的优势（Rorty，1993，pp. 191 - 192；Ross，2000，pp. 16 - 23）。实际上，丹尼特本人经常无所顾忌地无视哲学体系建构的重要性（Ross，2000，p. 13；Dennett，2000，pp. 356，359）。

本书的写作极大地改变了我对丹尼特工作的看法。如果读者能从本书的内容中获得某些印象，我希望是对以下事实的赞赏：丹尼特的著作以一些连贯的应用原则为基础，构成了一个深刻而融贯的哲学体系。

不同的人对"体系"有不同的看法。在一些哲学家看来，"体系"意味着对所有逻辑上可能的特性进行研究，这些特性与重要的传统哲学问题息息相关。不可否认，丹尼特的研究成果并未在这个意义上构成体系。丹尼特提出过一个很有名的主张：传统哲学所研究的许多逻辑上可能的特性都是死胡同。¹不过美国哲学家威尔弗雷德·塞拉斯（Wilfrid Sellars）指出了哲学体系的另一种意义，他的观点极大地影响了丹尼特："哲学的目的"，塞拉斯写道，"就是要理解事物如何连接起来，这是在'事物'和'连接'的最宽泛的意义上说的"（Sellars，1963，p. 1）。根据对哲学体系的这种理解，丹尼特的研究工作同样构成了一个出色的哲学体系。鲜有哲学家能像丹尼特那样，试图将大量有关人类的探索整合为一个融贯的架构。

对丹尼特的工作还存在另一种误解，我在后面的内容中并未明确提及。不少人指责丹尼特未能提出价值问题，比如伦理学和政治问题。在一个就丹尼特的新书《打破符咒：作为自然现象的宗教》（Breaking the Spell: Religion as a Natural Phenomenon，2006）所进行的博客讨论中，一位参与者将丹尼特的世界观描述成"虚无主义的"（nihilistic）。丹尼特的研究成果中鲜有对价值问题的明确讨论，这一点不假。但在字里行间，尤其在阐述意志的自由时，我们一定会产生这样的印象，丹尼特发自内心热诚地承诺人文价值：自由、人的责任、理性、知识和智力探索。在丹尼特看来，科学世界观不像某些人所主张的与这些人文价值不相容。恰恰相反，如果我们适当承认科学对人的研究发现，就会理解这些价值是人类本性的核心内容。尽管我不会明确讨论这些内容，我仍然希望读者能够感受到丹尼特对核心人文价值的热诚承诺。

来自同事的莫大支持和批评指正使本书增色不少。马克·勒巴尔（Mark LeBar）、詹姆斯·彼得里克（James Petrik）和纳撒尼尔·戈德堡（Nathaniel Goldberg）通读了整个草稿，做出了有见地的指正，这无疑使本书有了更大改进。当然由于本人的不足，难免存在某些不尽人意之处。

我也很感谢安德鲁·布鲁克（Andrew Brook）为本书出版所做的工作。在写作第一稿时，我通过电子邮件与丹尼特先生进行了沟通，这对我有很大帮助。一世界出版社（Oneworld）聘请的两位匿名审稿人的评论也非常有帮助。最后，同样重要的是，我要感谢唐·罗斯（Don

Ross）。他对最后一章草稿的富有见地的透彻评论，只是他对我的帮助中很小的一部分。他不只向我介绍丹尼特的作品，还说服我从事哲学工作。另外，从唐那里，我第一次听到丹尼特的成果具备哲学体系特征的观点。[2]实际上，我认为他是我听过的唯一用这种方式解读丹尼特的人。在仔细研究了丹尼特的作品之后，我开始同意这种少数派观点。

除了我从同事那里获得的学术支持外，我的工作还受到了挚友和家人的热爱与鼓励。我特别感谢我的妻子凯特·扎维德斯基（Kate Zawidzki）、女儿索菲亚·扎维德斯基（Sophia Zawidzki）以及我的好朋友艾尔·兰特（Al Lent）。

关于援引文献的说明

本书中援引的丹尼特主要著作以下列代码表示：

BS（头脑风暴）	1978. *Brainstorms*. Cambridge, MA, MIT Press.
ER（活动空间）	1984. *Elbow Room*. Cambridge, MA, MIT Press.
IS（意向立场）	1987. *The Intentional Stance*. Cambridge, MA, MIT Press.
CE（意识的解释）	1991. *Consciousness Explained*. Boston, Little, Brown and Company.
DDI（达尔文的危险的思想）	1995. *Darwin's Dangerous Idea*. New York, Simon and Schuster.
BC（智慧结晶）	1998. *Brainchildren*. Cambridge, MA, MIT Press.
FE（自由的进化）	2003. *Freedom Evolves*. New York, Viking.
SD（甜蜜的梦）	2005. *Sweet Dreams*. Cambridge, MA, MIT Press.

凡 例[*]

（1）原书中斜体字（除书名外）部分，在本书中以楷体字表示，以突出作者对斜体字所表达内容的强调之意，举例如下：

原书第一章导语中有这样一句话，

Despite appearances, human beings are *not really* free agents, responsible for the actions that they choose in light of their conscious beliefs and desires.

该句译为：

尽管看似如此，但人类并不是真正的自由行动者，对于他们基于有意识的信念和愿望所做出的选择，并不真正负有责任。

原文中的斜体 *not really* 在本书中以楷体字"并不是真正的"表示。

（2）书中人名用汉语翻译，同时保留原文供读者查询相关信息。例如，Wilfrid Sellars 译为威尔弗雷德·塞拉斯（Wilfrid Sellars）。

（3）原书中整段引用使用字号较小的字体标出，译文中改用宋体，英文仍用 Times New Roman 字体。

（4）原书中用于引用或强调的单引号和双引号在译文中均以双引号表示。

---

[*] 凡例为译者所加。

目 录

第一章　丹尼特的工作背景 …………………………………… 1
　　导　语 …………………………………………………………… 1
　　常识形象 ………………………………………………………… 3
　　科学形象 ………………………………………………………… 11
　　历史背景中的丹尼特 …………………………………………… 18

第二章　意向立场 ……………………………………………… 27
　　导　语 …………………………………………………………… 27
　　三种立场 ………………………………………………………… 29
　　意向立场的运用 ………………………………………………… 35
　　意向立场与思维语言假说 ……………………………………… 38
　　对意向立场的批评及丹尼特的回应 …………………………… 41
　　今后的工作 ……………………………………………………… 46

第三章　逃离笛卡尔剧场 ……………………………………… 49
　　导　语 …………………………………………………………… 49
　　笛卡尔剧场 ……………………………………………………… 51

异现象学 ……………………………………………………… 55
　　脑中名人 ……………………………………………………… 61
　　未尽事宜 ……………………………………………………… 66

第四章　乔伊斯机器 ……………………………………………… 68
　　导　语 ………………………………………………………… 68
　　乔伊斯机器的演化 …………………………………………… 70
　　自我作为叙事重心 …………………………………………… 78
　　完成未尽事宜 ………………………………………………… 83
　　未来的路 ……………………………………………………… 90

第五章　人类的自由 ……………………………………………… 91
　　导　语 ………………………………………………………… 91
　　决定论与真正的"可避免性" ……………………………… 93
　　驳斥不相容论 ………………………………………………… 100
　　具有道德重要性的自由意志的演化 ………………………… 106
　　自由的结束语及未来的路 …………………………………… 112

第六章　达尔文和生命游戏 ……………………………………… 115
　　导　语 ………………………………………………………… 115
　　自然选择的机器人 …………………………………………… 117
　　为达尔文辩护（一） ………………………………………… 125
　　为达尔文辩护（二） ………………………………………… 128
　　实在的模式 …………………………………………………… 132

第七章　丹尼特全局观：问题与前景 …………………………… 141
　　导　语 ………………………………………………………… 141

丹式体系 …………………………………………… 142
　　改善系统的缺陷 …………………………………… 147
　　结　语 ……………………………………………… 156

注　释 …………………………………………………… 162

词汇表 …………………………………………………… 170

参考文献 ………………………………………………… 179

索　引 …………………………………………………… 186

第一章 丹尼特的工作背景

导 语

丹尼特（Dennett）是过去三十年中最有影响力的心智哲学家之一。他的影响就像他的兴趣和他所从事的工作一样，跨越了学科的界限：除了哲学，他的关注点还聚焦于其他一些领域，如人工智能、认知心理学、神经科学、进化生物学及人类学，在这些领域，他同样受到人们的尊敬。丹尼特涉足心智的科学研究并非偶然，那是他的哲学工作发展的必然结果，这些哲学工作成就了他的事业。自现代科学产生以来，西方哲学中颇具争议的主要问题是：如何把我们的常识和有关自我的传统概念与对人类本性的科学理解调和起来。

美国哲学家威尔弗雷德·塞拉斯（Wilfrid Sellars）用生动的语言描述了这些概念之间的紧张关系。在塞拉斯看来，现代哲学试图将人的"常识形象"（manifest image）与"科学形象"（scientific image）调和起来（Sellars, 1963, p.6）。常识形象是我们想当然地认为的人的形象。人有意识、思维、愿望和自由意志，相应地，人对自己的行为负责，人类就是由这样的个人组成的。科学形象的出现却令人震惊地否认了人的

2 这些设定。人只不过是一个物质系统,由简单的生物化学分子构成,它们排列成相当复杂的、自我维持的结构,由在进化中选择和遗传下来的基因蓝图建构而成,并受各种环境变化影响。这样的系统如何能具有意识思维和意愿?这样的系统如何能对所作所为负责?

对待"常识形象"与"科学形象"之间的这种巨大差异,一种最自然的反应就是拒斥其中的一个或另一个。关于此问题的早期哲学探讨已经提出过这样的拒斥。例如,笛卡尔就对该问题进行过详细研究,他也因此被理所当然地视为现代心智哲学之父,而他拒绝将"科学形象"用于描述人类的心智。根据笛卡尔二元论,"心"是一种非物质、非机械的实体,它与大脑相互作用而产生行为。另一方面,一些当代哲学家如保罗·丘奇兰德(Churchland,1981)和斯蒂芬·斯蒂奇(Stich,1983)却得出了相反的结论,他们拒斥人类的一部分"常识形象"而不拒斥"科学形象"。尽管看似如此,但人类并不是真正的自由行动者,他们并非真正地基于有意识的信念和愿望而做出选择,并因此对所选择的行动负有责任。[1]同塞拉斯一样,丹尼特也试图避免这种极端的观点。他尊崇科学,认为科学能提供关于人类本性的终极解释,但他拒绝取消"常识形象"的做法。根据丹尼特的看法,我们的自我概念将我们自身当作有意识的思维者和有责任的自由行动者,这是涉及人类本性的最根本最重要的事实。它不能被取消。在某种意义上,"科学形象"和"常识形象"都是正确的。从根本上讲,丹尼特的研究工作与塞拉斯一样具有高度独创性,他的工作试图揭示上述情况是怎么回事;如何使以下两种情况都能成为事实:(1)人是有意识、有思维、有自由且负有责任的行动者;(2)人是由简单的生物化学成分排列组合而成的复杂的、能够自我维持的结构系统,是纯粹的自然进化产物。

3 在本章中,我将丹尼特的研究进路置于他声称自己所属的传统背景之下,并与其他进路进行比较,不过在处理这个问题之前,我想更加详细明白地讨论一个问题,这是一个自笛卡尔以来一直激励着丹尼特和其他大部分心智哲学家的问题。确切地说,人类本性的"常识形象"和"科学形象"的关键点是什么?为什么这两个关于人类本性的概念会发生冲突?为什么一个由自然选择产生的、由简单的生物化学分子构成的复杂自我维持结构体不能成为一个有意识、有思维、有自由且负有责任的行动者?

常识形象

意向性

想想我们每个人都拥有的能力。首先也是首要的,人有思维。这意味着什么?思维总是关于某物的思维。人们有关于他人的思维,关于他们自身的思维,关于他曾经去过或想去的地方的思维,关于他们吃过或想吃的食物的思维。因此,一个人的思维能力就是思考某物的能力。哲学家们为此现象创造了一个略带迷惑性的术语:"意向性"(intentionality)。在日常英语中,有意图地做某事就是特意做某事。但哲学家所理解的意向性的含义与此相关却又有所不同:它是关涉某物的性质。思维具有意向性,因为它们关涉他物。换言之,它们表征或指涉其他对象、事件或情境。通常一个人的思维指涉他们心智之外的世界中的对象、事件或情境,但思维也可以指涉人们心中的其他思维,比如一些曾经持有但已放弃很久的观点。

思维并非唯一具有意向性的东西。例如,语词也有意向性。"猫"这个词,也就是"C-A-T"组成的字符串,是关于或表示猫这种毛茸茸的、喜怒无常却被许多人养作宠物的哺乳动物。许多图像也具有意向性。凡·高(van Gogh)的自画像指涉凡·高,而克里斯蒂娜·里奇(Christina Ricci)的照片表征克里斯蒂娜·里奇。不过,认为思维的意向性是最重要的意向性这一观点存在争议。语词和图片从我们人类这里获得意向性。比如说，词语"猫"表示猫是因为人类发明了这个单词来表达关于猫的思维。克里斯蒂娜·里奇的照片表征克里斯蒂娜·里奇是因为这些照片唤起了关于克里斯蒂娜·里奇的思维。许多哲学家因之得出结论，认为思维具有"原初意向性"，而语词、图片和其他人造物的意向性仅仅只是"派生出来的"（IS, p. 288）。丹尼特的观点中一个很重要的方面就是拒斥这种区别，我将在下一章讨论这个问题。

不但具有意向性的东西有很多种，具有意向性的思维也有很多。我们将对象、情境或事件称为思维所关涉的内容。假设你有某种思维，而且你认为思维的内容是真的，例如，你认为冰箱里有啤酒，经过核实，你发现冰箱里确实有啤酒，所以你认为它是真的。认为某事是真的就是相信它，因此，人们认为其内容为真的思维就被称为信念（beliefs）。另一方面，假设你有一种思维，你希望其内容为真，例如，你想喝啤酒，你意识到你想让它发生，因此你希望（want）它为真。希望某事为真就是意欲它，因此人们希望其内容为真的思维就被称为意欲（desires）。

还有许多其他类型的思维，如恐惧、期望、担忧、遗憾等。所有这些类型的思维都具有意向性，因而也具有内容：它们都是关于对象、情境或事件的。这些思维的不同之处在于，它们对思维—内容的不同类型的态度。对世界处于宗教战争边缘的恐惧包含着一种对思维的内容——世界处于宗教战争边缘——的恐惧态度；期望宗教战争能够避免包含了对思维的内容——宗教战争得以避免——的期望态度；其他思维亦是如此。根据这一点，可以很自然地认为，由心智所表征的思维就是对内容即世界可能的存在方式的一种态度。这些内容以语句的方式来表达。例如，我害怕的内容——世界处于宗教战争边缘，通过语句"世界处于宗教战争边缘"来表达。由于思维的内容通过语句来表达，许多哲学家便假定思维—内容有一种语句的，或者用更专业的术语来说就是命题的形式。因为思维很自然地被理解为对这种内容的态度，所以哲学家称思维为"命题态度"。

我们经常诉诸命题态度来解释人们的行为,最常见的解释涉及人们的信念和意愿。如果我走到冰箱前,对此最好的解释可能是我相信冰箱里有啤酒,而且我想喝啤酒。哲学家将这种对人的行为的常识解释方式称为"常识心理学"(folk psychology)。常识心理学的观点是,正如我们的成长伴随着对动物、植物、物体及其他日常领域的"常识"理解一样,我们的成长也伴随着对"是什么让人们做出行为"的"常识"理解。按照常识理解,人们之所以做他们所做之事,乃是由于他们的信念或意愿。哲学家也用另一个短语——"意向心理学"(intentional psychology)来描述这种解释人类行为的方式。原因很明显:当你诉诸信念和意愿解释人的行为时,你就是诉诸意向状态,即关于对象、人物或情境等的思维来进行解释。常识心理学的另一种表述短语是"命题态度心理学"(propositional attitude psychology)。

人的思维能力的最后一个也是我想特别关注的特征,就是人的思维经常出错。某人可能相信他十点有个约会,但他错了,约会是十一点。更富有戏剧性的是,人们拥有许多信念,但这些信念不可能是真的,因为它们关涉的事物根本不存在。海伦(Helen)可能相信霍比特人弗罗多(Frodo)和巫师甘道夫(Gandalf)一起打败了半兽人。① 人的思维能力有一个尤其令人困惑的特征,那就是能够思考那些不存在且根本不可能发生的情境。我将在本章的后半部分探讨思维的这种令人困惑的特征,对于我所讨论的那些尝试调和人类的科学形象和常识形象的工作来说,上述特征是最主要的障碍。

意识

常识形象所描绘的意识可能是人的特征中最神秘的部分。其神秘性

---

① 霍比特人弗罗多、巫师甘道夫和半兽人都是英国作家约翰·托尔金的小说《指环王》中的人物。——译者注

部分缘于意识本身很难定义。一种传统的解释意识概念的方式利用"是什么样子"(what it is like to be)这一短语来描述意识。美国哲学家托马斯·内格尔(Thomas Nagel)创造了该短语用以指出科学的局限性(Nagel, 1974)。科学试图客观地、从外部、以第三人称视角理解包括动物和人在内的对象。内格尔认为,关于某种动物(他的例子是蝙蝠)的再多客观、外部和第三人称信息也不能告诉我们成为这种动物是什么样子。成为一只蝙蝠是某种样子,但这只对蝙蝠有效:它是主观的或第一人称的信息。在内格尔看来,这些客观科学永远无法涉及的主观领域就是意识领域。

我们可以通过思考一些经典的哲学难题来更好地理解意识领域。尝试一下这个实验。倒两杯水,一杯是温水,一杯是冷水。把一只手放入温水中,之后再把同一只手放入冷水中,最后再放回温水中,这种感觉是怎样的呢?如果你和多数人一样,那么你会觉得第二次的水温比第一次热得多。这额外被感觉到的热量从哪儿来?温水的温度是恒定的,因此热量不是来自温水。它来自你的内心。然而,无论我怎样以科学客观的方式从外部研究你的皮肤、神经或大脑,我都找不到这额外的热量。我看到的只是活跃着的皮肤和神经细胞。我找不到对变得更热的水的那种感觉。所以,它在哪儿?在意识领域中。再举一个例子。尽可能走近一座房屋,以便你能同时看到整个建筑物。现在开始慢慢远离房屋,房屋变小了。正在变小的房屋在哪儿?它不在外部世界中。真正的房屋不会变小,它还是原来的尺寸。因此,变小的房屋在你内心之中吗?它是某种可见的映像吗?如果是,那它就不能以科学客观的方式来研究,因为如果我观察你的眼睛或大脑内部,我看到的只是活跃的神经细胞;我看不到房屋变小的样子。变小的房屋映像就像上面那额外被感觉到的水的热量一样,都在意识领域中。

哲学家通常会区分两种意识。第一种是人类与其他动物共有的意识。人类和许多动物都会经历诸如疼痛、愉悦、饥饿、恐惧等的感觉。

这些都是有意识的状态：很难看出对人类和动物进行的外部研究揭示出人和动物经历这些感觉究竟是什么样子。第二种意识只属于人和黑猩猩——黑猩猩很可能是离我们最近的灵长目远亲。这种意识通常被称为"自我意识"（self-consciousness）。尽管我们可以合理地认为许多动物都有感觉经验，但认为多数动物在经历感觉时能想到自己正在感觉，这一点值得怀疑。将感觉到疼痛与想到自己正在感觉到疼痛做个比较。很难否认动物和婴儿会经历疼痛的感觉，但也很难相信他们经历疼痛时能想到他们正在经历疼痛。

根据常识形象，人不仅有意识，还有自我意识。此外，人对自己在某个特殊时刻所意识到的内容具有权威性。如果一个人严肃地说出她感觉疼痛，那么她必定在疼痛着。笛卡尔明确地阐述了关于这种假设的古典理论。他主张，人的心灵对人而言是完全透明的：人们在他们所意识的内容方面不可能犯错，人们也不可能意识到他们不了解的东西（Descartes，1984，p. 19）。上述观点正是丹尼特的主要抨击对象：他称之为"笛卡尔剧场"学说（doctrine of the 'Cartesian Theatre'）。该观点认为，当一种经验、一种感觉或一个思想在心灵的舞台上出现并呈现在人自身面前时，人就开始意识到它。内省可被理解为一种内心的审视：人们观察他们的心灵去发现他们在思考和经验的东西。

根据常识形象，人的有意识性的经验是不可言说的（ineffable）。这意味着用公共语言无法表达意识经验的准确特征；语言无法描述人体验到他的经验时是什么样子。想象一下向一位盲人解释红颜色看起来是什么样子的情形。

大多数人不能将思维和意识清楚地区分开来。然而在丹尼特的著作里，或更宽泛地说，在心灵哲学里，命题态度与意识通常会被区分开。这样做有几方面原因，最主要的是意识经验不可言说。使用公共语言表达意识经验的准确特征即便不是完全不可能的，那也是非常困难的。然而命题态度的内容通常可以用公共语言描述出来。因此，意识与思维在一个关键点上截然不同：后者易于用语言表达而前者不能。

另一个区分思维与意识的原因是，无意识思维存在的可能性。自西格蒙德·弗洛伊德（Sigmund Freud）第一次提出人的行为可以根据无意识的信念和意愿进行解释，许多哲学家和心理学家已经接受了我们的一些思维很可能是无意识的。这表明，使某物成为思维的东西与使某物成为意识状态的东西有所不同。细想一下，似乎就可以清楚地看到，人们有许多他们没有明确意识到的关于世界的信念。当你读到这儿的时候，你可能会相信在离你三英寸的范围内没有一条活鲸鱼，但在读之前，你没有意识到这种信念。因此，看起来很可能是，你拥有信念及其他命题态度而你却没有意识到它们。

尽管包括丹尼特在内的心灵哲学家们将意识与思维区别对待，但二者之间存在明显的关联性。许多思维都是有意识的，或者所有的思维都至少是潜在的有意识的。而且根据常识形象，有意识的思维是最常见最主要的思维形式。无意识思维即便存在也是特例。所有思维都在"笛卡尔剧场"的舞台上演，以便人的"内心之眼"（inner eye）可以观察到。内心之眼对它所查看的思维内容是不可能出错的：它总是准确地了解思维如何表征世界；它也总是准确地把握人在思考什么。

鉴于思维和意识虽有所区别却在本质上是相关联的，那么研究它们如何相关就是一项有趣的工作。始于笛卡尔的哲学传统将意识看作最基本的特征。如果我们想知道思维是什么，一个人在思考什么内容，必须先解释意识，尤其是自我意识为何物。一旦了解了意识，我们就可以通过考察意识的内容——笛卡尔剧场舞台上的演员——去发现思维是什么，某个个体在思考什么。无意识的思维即便存在，也可以当作是派生的。丹尼特的主要论点之一就是坚决拒斥这种笛卡尔模型。他全部的工作都从颠覆意识对思维的传统优先地位开始。丹尼特试图在不依赖于意识理解的情况下理解思维是什么，以及拥有一种特别的思维是什么样子。然后，他尝试将意识和自我意识解释为特殊的思维。在丹尼特看来，这个问题对调和常识形象和科学形象至关重要。

由于科学传递的是客观的、第三人称的信息，任何以意识为起点研究思维和心智的方式都认为思维和心智不在科学的研究范围内，因为意识被认为属于第一人称的主观信息领域。丹尼特试图以经得起科学检验的、第三人称的客观方式理解思维。之后他将意识、主观性和第一人称视角当作思维来理解。这些理解最终也要经得起科学研究的检验。这一思路对把握丹尼特的全部哲学思想非常重要，我在后面的章节中还会再次谈到。

自我和行动者

人的常识形象有两个重要特征。一个是自我的概念。根据常识形象，人的心灵中存在一个"中心决策者"，它掌控着所有的工作。它就是观赏笛卡尔剧场中上演的各种戏剧的那个"内心之眼"。除了作为内心之眼，中心决策者还是控制力的最终来源：它发布命令，决定人的下一步行动。感官传递外界信息给自我。有关身体所需的信息也提供给自我。然后，自我根据外界状况决定如何最好地满足这些需要。自我更像一艘船的船长或一支军队的将领。它被想象成心灵中一个单独的地方，在这个地方，所有与决定下一步行动相关的信息汇集在一起；在这个地方，做出了关于"接下来要做什么"的决定。

人的常识形象还包括一个非常具体的观念，即成为一个行动者是什么样子，这个观念与自我的概念有很强的关联性。要理解什么是行动者，必须理解行动（action）与纯粹的动作（motion）之间的区别。人的身体经常做出各种动作，但不是所有的动作都被视为行动。神经性抽动、习惯性行为，如敲打膝盖时踢腿、舌头打结及无意识的抽搐都是人身体发出的动作，但这些都不是行动。这些动作与我们称之为行动的动作有什么不同？一个明确的回答是：行动是蓄意的、有目的的或有意识的（该词语的一般意义而非哲学意义）动作。不过，什么使得一个动作是蓄意的、有目的的或有意识的？根据常识形象，如果人的行为是经过深思熟虑之后做出的，那么这个行为就是蓄意的。由一个行为决定引起的行为，由基于外界特定信息推断出达到目的的最佳方式而引起的行为才是行动。例如，我伸手打开冰箱，如果这个动作是根据外界信息，比如冰箱里有啤酒，通过推断达到目的，比如喝到啤酒的最佳方式最终做出的决定而引起的，那它就是行动。如果是神经性抽动引起的伸手动作，它就不是行动。

根据这种对行动的理解，我们很容易解释行动者是什么。行动者是系统，比如人就是系统，能够根据特定的外界信息推断如何最佳地实现目标，并依据推断决定要做的事，以此来控制自己的行为。根据对自我的"中心决策者"理解，有一点看似是很明显的，即，在人的常识形象中，行动者就是被自我控制的躯体。

自我和行动者是人的常识形象中的基本概念。它们是人的一项核心特征的基础。人不是别的，而是能对他的行为负责的主体。当人做错事的时候，比如偷了别人的钱，他应当受到惩罚。如果人做了好事，像是发明了一种有用的装置，他应当受到奖赏。这种假设看起来就是：当一个人决定去做某事时，他有这样做的自由，而且要为他决定做的事负责任。人们通常不用为不可控的行为，即不是他们自己决定的行为负责任。如果一个人错拿了他误认为是自己的钱，他不必为此负责。这是因为，拿了别人的钱这个行为不是他故意做出的：他不知道那些钱不是他的，他并不是想要拿别人的钱。因此，人是受自我控制的行动者，可以根据掌握的信息自由决定如何行动，这种观念是我们最基本、最宝贵的理想和制度的基础。人们能够基于正义感、价值观以及法律这样的制度来为自己的行为负责，这看似预设了人是自由的行动者，他们受自我控制，自我最终负责决定如何做出行动。

科学形象

神经科学

　　研究人类神经系统的科学即神经科学,目前还处于初期发展阶段。该学科应具备哪些特征才能成为像物理学、化学和生物学那样的成熟科学,人们至今尚未形成共识。尽管我们已经收集了非常庞大的有关人类神经系统的数据,并且这些数据仍在呈指数型增长,但人们还未能从理论上深入了解这些数据的重要性。没人敢说自己已经知道如何用我们所了解的东西去解释神经系统的运行机制,以及神经系统对人类行为的作用。不过,关于神经系统有一些基本事实是无可争议的。尽管神经科学还处于初期发展阶段,但它在有关人类本性的问题上已经构建出了与常识形象截然不同的形象。

　　各种研究人类本性的科学,包括神经科学、生物学以及认知科学在内,都假定人的行为完全由神经系统产生。如果这种假定在任何意义上都正确,那么它将不可避免地与人的常识形象产生冲突。神经系统是由物质成分构成的:由蛋白质构成的细胞和组织通过化学信号和电信号进行信息交换。以人为研究对象的生物科学一致认为:神经系统与其他生物系统一样都是自然选择的进化产物。现在的人类之所以拥有他们所拥有的神经系统,乃是由于他们遗传了一系列的"幸运突变"。正是因为有了这一幸运突变,我们的结构乃至我们的行为才与其他生物体不同,这使我们的祖先拥有了优于其他生物体的生存和繁衍能力。日复一日,这些幸运突变逐渐积累,而这一过程最重要的产物就是目前人类所拥有的神经系统:一个生物突变的储存库,这些生物突变在控制行为方面是非常有用的,其控制行为的方式大大提高了编码突变之基因的存活率和传播率。研究人类本性的绝大多数科学家都同意这一点，但这只是对神经系统最低程度的了解。然而，即便是这种最低程度的认识，也已经与人的常识形象处于高度紧张的关系了。

意向性与大脑

让我们思考一下意向性这个特征。在人的常识形象里，它是人类思维的关键性特征。说思维具有意向性，就是说它指涉一个事物或一种情境；就是说思维以一种特定的方式表征整个世界。根据常识形象，我们的许多行为都是由思维尤其是信念和意愿引起的。但是，探索人类本性的各种科学一致认为，所有的人类行为最终都由神经系统，特别是大脑的状态引起。假定我们观察脑的某种状态，也就是我们所知道的产生某种行为的全部神经激活模式。那我们怎么能知道这种神经激活模式是否就是思维？它是哪种思维？我们怎么能知道这种神经激活模式是关于什么的？它指涉或表征什么情境或对象？对其自身而言，神经激活模式只是在一组生物结构中发生的一种化学或电反应。什么使这种模式成为某种情境的表征？如果它意味着什么的话，那什么使它意味着它所意味的东西？

这与一个关于语词的问题有相似之处。语词"cat"就其本身而言只是一些几何形状和线条的组合物，其自身之中没有任何东西可以解释。为什么它意味着它所意味的东西，为什么它代表猫？如果你理解不了这个问题，不妨试着重复某个词，比如"cat"，很快地连续重复许多次。这样做的时候，人们会发现，一个像"cat"这样普通的词听起来很奇怪。人们会开始怀疑，为什么表示猫的语词听起来必须是那样的；人们还会觉察到，语词听起来怎样与语词所意味的东西之间发生了分离。这种经历使人意识到语词自身之中的东西——形状、发音、外观，都不能解释为什么它意味着它所意味的东西。在语词的例子中，我们可以通过诉诸语言使用者的意图来解释语词的意义。英语使用者通常使用"cat"

这个单词来代表猫,这就是为什么"cat"表示猫。这种解释在神经激活模式里不奏效。大脑中没有任何人决定使用神经激活模式来代表猫或别的东西。所以问题依然存在,如果关于猫的思维只不过是神经激活模式,那么,是什么使这些模式能够代表或者表征像猫那样与这些模式本身并不一样的东西?

人类能够思考物理时空中并不存在的对象,这种能力是个巨大的障碍,它阻碍我们在人的科学形象和关于人的常识性假设——思维具有意向性——之间进行调和。脑的状态存在于真实的时空中。它们具有确切的位置和存在的时间。因此,只能把它们与时空中存在的事件或对象联系起来。例如,真实的物体反射出的光线到达眼睛的视网膜上,随后转换为大脑中的神经冲动,这些光线引起了大脑的状态。但人可以思考时空中不存在的东西。人的思维可以指涉数字和其他抽象的数学对象。人还可以思考抽象的概念,比如正义和美。而且,人还经常思考在任何意义上都不存在的东西。上文中,我举了海伦的例子。海伦相信霍比特人弗罗多和巫师甘道夫一起打败了半兽人。但是,弗罗多、霍比特人、半兽人、甘道夫和巫师压根不存在,更别说在时空中了。如果科学是正确的,人的所有行为都由神经系统的状态引起,那么看起来维护人的常识形象的唯一方式就是,思维即是神经系统的状态。但是,一个神经系统状态,一种神经激活模式,都只存在于时空之中,它们如何关涉或指涉时空中不存在的对象?要关涉、表征或指涉某物,就是要与它建立联系。如果大脑状态是纯物质性状态,很难看出它们以何种方式与物理时空中并不存在的东西有联系,很难看出脑状态如何成为关涉数字或其他抽象对象或虚构之物的思维。鉴于思考这类思想的能力是人的常识形象的一个重要方面,它就成了调和人的常识形象和科学形象的另一大障碍。

意识与大脑

前已述及,人的常识形象所描述的意识在某些方面与对人的科学解释有所冲突。按照通常的看法，意识就是成为一个人是什么样子（what it is like to be a person）。这种信息本质上是主观的，即使再多的客观信息也不能揭示出成为某个人是什么样子。但关于大脑的一切科学发现提供的都是客观信息：它是从第三人称视角获得的；任何人都可以使用这些信息。于是对一些哲学家来说，意识恰恰被定义为不能用这样的客观术语来描述的东西。因而意识与人的科学形象无法调和的局面看似不可避免。

即使我们放弃意识的上述定义——因为该定义对意识能否以科学的方式进行研究这个问题做出了有失公允的预判——要调和由神经系统所决定的人类本性的科学形象与作为意识主体的人的常识形象，仍然存在许多显而易见的障碍。你应该还记得，意识表征世界的方式似乎与世界存在的方式不同。当我们远离一座建筑物的时候，它会变得越来越小。水的温度也似乎有所改变，尽管我们知道它实际上没有变。因此，世界存在的方式与它在意识中被表征的方式不能混为一谈。但是这个表象世界在哪儿？我们观察人的大脑却找不到世界呈现在人面前的那种方式。我们找不到缩小的建筑物，也找不到因非客观原因而改变了温度的水。我们找到的只有神经激活模式。嗅觉、味觉、感觉和映像都不可能在外部对象中，因为即使外部对象不变，它们也会发生改变。因此，根据人的常识形象，这些东西只能在经历它们的人当中；如果我们借助神经科学工具检查某人的神经系统，以便观察这个人，我们找不到嗅觉、味觉、感觉和映像，我们只能找到神经激活模式。这再一次说明，人的科学形象与人的常识形象根本不一样。

总之，意识呈现出的表象世界与科学揭示的大脑世界看似相当不同。表象世界由具有属性的对象构成。例如，看到、摸到、捡起而后咬了一口青苹果。苹果的颜色、重量、质地、香味和口感都结合在一个物体上。在意识中，苹果就像一个统一体。但是在观察大脑时我们发现，为这些不同类型的信息进行编码的神经状态却是离散的。脑的第一部分负责分辨颜色,第二部分判断重量,第三部分分析质地,第四部分辨别香味,第五部分识别口感。所有这些毫无关联的信息是怎样在表征苹果这个物体时结合在一起的?认知科学家称此问题为"捆绑问题"(binding problem)(Hardcastle, 1998)。表象世界与大脑世界的另一个不同之处在于,前者具有平滑性(smoothness),后者具有断续性(choppiness)。展现在人们面前的世界是一个平稳、持续、稳定的事件流,有人称其为"意识流"(stream of consciousness)。但大脑活动不是这样。在一段独立的、看似不间断的持续事件中,脑的不同部分在快速地开启和关闭。平滑、稳定、持续的意识流怎样从这样一连串显然是混乱而离散的活动中产生呢?

最后要谈的是笛卡尔剧场。根据人的常识形象,思维和感觉都出现在隐喻中的舞台上,被内心之眼审视,但大脑中没有发生这一切的任何场所,为了让自我进行审视而汇集一切信息的"舞台"或"监控器"在脑中也不存在。这是上文讨论过的与意向性有关的一个问题。尽管你可以将"cat"这个语词所具有的意向性解释为言说者决定使用"cat"来表示猫,但这种解释对大脑不起作用。不存在某个处于大脑内部的人来决定表征猫的神经激活模式。同样的道理,大脑中也没有供人检视汇集信息的舞台或监视器。这两种观点只是同一类错误的两个版本,认知科学家都在努力寻求避免这类错误的方法,只是有时候不太成功。这种错误就是小人谬误(homunculus fallacy)。小人就是一个很小的人。假如你试图解释人为何有能力从事某项工作,你不能诉诸隐藏在大脑中有能力从事同样工作的小人。任何这样的诉诸都不能成为一个解释,因为在这个小人那里也会产生同样的问题。某人通过视觉能力意识到了他面前的事物是因为他内心中的小人通过视觉能力意识到了该事物,该事物被投射到了大脑内类似监视器的东西上面。这种观点不仅明显是错的,而且根本不能成为一种解释。因为它借助一个人的意识去解释另一个人的意识。这是丹尼特最喜欢谈论的一个问题,我在随后的章节中会继续探讨。

我们需要牢记,大脑中不存在小人[2],即便存在,它也不能解释人是如何进行思考的。这是个大问题,因为根据人的常识形象,意识就像笛卡尔剧场。它是一个场所,我们所有的思维和感觉都汇集于此接受自我的审视。如果神经系统中不存在这样的场所,那么这再次表明人的科学形象与常识形象之间存在冲突。

行动者与大脑

调和人的常识形象与科学形象的最后一个障碍来自"行动者"这一前科学概念。从上文对小人谬误的讨论来看,作为脑中汇集影像的中心决策者,自我这一概念与神经科学描绘的图景格格不入。大脑中看似并不存在能获取全部信息并利用这些信息决定下一步行动的"中心场所"。在许多方面,大脑更像是一个由各种控制系统构成的"社群"(society),为控制个体的行为,这些控制系统时而合作,时而竞争(Minsky, 1985;CE)。大脑中存在某个控制者,它能依据对信息的详细分析和考虑做出合理的决定,这种观点显然是幻觉。关于神经系统的科学理解对我们的行动者、自由及责任这类日常概念造成了剧烈的冲击。

如果人的所有行为最终都由神经系统引起,如果神经系统只是一些半独立的控制系统以相当松散的组织方式在发生协同作用,在控制行为时,这些系统时而合作,时而竞争,那么我们很难看出人如何能够自由地实施行为,又如何能够为他们的行为负责。尤其当我们发现,构成大脑的那些控制系统所发生的协同作用只是由相对简单的生物化学成分,即细胞所完成——细胞根据进化过程中遗传下来的基因信息排列成复杂而具有自我维持功能的结构——这令我们更为担忧。对丹尼特思想产生过重要影响的生物学家理查德·道金斯(Richard Dawkins)曾这样描述人的形象，人类只不过是一些精巧的生存机器，基因将人构建成为能够生存和繁衍的机器人（Dawkins，1976）。然而，这机器无论有多复杂，它都不能自由地按它自己的意愿去行动。

从人的科学形象来看，自然选择将人的目标"设计"为传递基因。如果处于正常的机能状态，我们所做的每一件事都由这个目标驱动。即使机能失常，我们的行为也是由机能失常的生物化学成分引起的。但是，由生物化学成分构成的东西怎么能具有自由？这些成分都是物质，物质的东西必须遵守物质的规律。任何由这些成分构成的东西同样也是物质，无论情愿与否，它也必须遵守物质的规律。因此，如果人是设计精巧的生存机器，正如科学所显示的那样，人由遵循物质规律的纯粹物质成分构成，那么，人怎么能是自由的？如果他们不是自由的，他们如何对自己的所作所为负责？看样子科学形象确实将常识形象推向了危险的边缘。

从上述简要概括中，我们可以清楚地看出，研究人类本性的科学形象和人的常识形象彼此的关系相当紧张。尽管对人类本性的科学研究还处于初期发展阶段，但这些研究正在构建的人类本性与我们大多数人对人类本性的基本看法水火不容。如果人的行为完全由神经系统决定，那么从表面上看，人似乎不可能像常识形象所认为的那样，是自由、责任、意识和思维的统一体。丹尼特四十年的潜心钻研正是为了拒斥这种观点，他为此进行了充满野心和开创性的尝试。丹尼特认为，人类的确如科学所描述的那样。但他又强调，这与人是自由、责任、意识和思维的统一体并不矛盾，在任何意义上，那些都是值得保留的人类特征。在本章的最后一部分，我将丹尼特的思想置于更大的历史背景中，这些背景包括一些具有历史意义的尝试性工作，其目的亦是试图消除人的科学形象和常识形象之间的巨大分歧。

历史背景中的丹尼特

二元论与取消主义

调和科学形象与常识形象的问题被称为"调和问题"(reconciliation problem)。我已经列举了历史上相当重要的两种解决"调和问题"的哲学方法。但这两种方法均表明,这个问题是无解的:科学形象与常识形象无法调和。17世纪,现代哲学之父笛卡尔提出,科学形象不能用于描述心灵。我们已经看到,人的常识形象所刻画的心灵看起来与神经系统,或者事实上与任何物质系统都截然不同。笛卡尔由此得出,心灵绝不是物质系统。在他看来,人由两种实体构成:物质实体(身体和器官)和非物质的精神实体(心灵)。这种观点被称为"笛卡尔二元论"(Cartesian *Dualism*)。尽管该观点与笛卡尔关系最为密切,但在当代又有所复苏。例如,澳大利亚哲学家大卫·查尔默斯(David Chalmers)最近在一本颇具影响的书中指出,意识不可能是大脑的物理特性(Chalmers, 1996)。

一些当代哲学家则走向了另一个极端。他们赞成笛卡尔所说的"调和问题"无解,但他们不是拒绝心灵的科学形象,而是拒斥常识形象。尽管人类貌似是有意识、有思维、有自由和负责任的行动者,但他们实际上并不是。这种观点被称为"取消主义"(eliminativism),因为它主张取消人的常识形象。当然,很少有取消主义者主张将常识形象全部取消。例如,当代最具影响力的取消主义者保罗·丘奇兰德(Paul Churchland)就提出要取消命题态度,他认为意识是可以与神经系统的科学研究成果相调和的。

我们有充足的理由拒绝这两种极端的观点。二元论是不合理的,理由如下：首先，物质世界具有因果封闭性。任何物理事件、在物质世界发生的任何事情都只由物理原因引起，这是当代科学的基本假设。此外，就像四肢运动一样，许多人类行为都是物理事件构成的，这一点也是毫无疑问的。接下来要说的是，如果心灵不是物质，那么，心的状态不能引起人的行为，或者人的行为是多元决定的（over-determined）。认为心的状态不能引起人的行为的观点被称为"副现象论"（epiphenomenalism）。副现象论极不合理：我们的情绪、思维和感觉确实驱动着我们去做一些事情。另一种观点是，引起人的行为通常有两组原因：物质/神经生理原因和相应的非物质/心理原因。但是这种多元因果性令人十分困惑。如果人的每一个行为都可以根据物质/神经生理原因解释，还有什么工作需要心灵来做呢？[3]

取消主义同样不合理。表面上看，人显然是有意识、有思维、有自由和负责任的行动者。这是大多数人类制度所依赖的基本假设。实际上，如果不假定科学家们是有意识、有思维、有自由和负责任的行动者，很难看出要怎么去理解科学本身。当科学家捍卫某种理论的时候，他们不是在表达和捍卫某些他们认为是真理的东西吗？他们不是在对该理论以及为了支持该理论而构造出来的论证负责吗？一种常见的质疑取消主义的方法是，如果不预设取消主义所否定的东西，就无法对取消主义本身进行表达和辩护。如果某人声称人类并不真正具有思维，这不是正好说明他们认为人类并不真正具有思维吗？取消主义不只破坏了人类最重要的社会制度所依赖的基本假设；它还破坏了它自己![4]

还原论

当代最有影响力的探讨调和问题的方法都努力避免与极端的二元论和取消主义为伍。20世纪的心灵哲学中存在两种解决调和问题的竞争理论。影响最大的是还原论（reductionism）。我们不妨把一位当代最重要的还原论者的表述稍加修改：如果心灵是真实的，它就必须真正是某种别的东西（Fodor，1987，p. 97）。还原论的产生受到科学史上成功的理论同一（theoretical identification）的激发。当一种更古老、局限性更大的理论中所涉及的对象与更新、更有解释力的理论中所涉及的对象相一致时，成功的理论同一就产生了。例如，化学研究表明，水不过是 H_2O 分子所构成的物质。电磁学研究表明，闪电不过是放电现象。科学史上都是这种理论同一，它们被还原论者视为科学进步的标志。这种观点认为，科学逐渐向我们证明，所有的现象都只是物理现象而已。心灵哲学的还原论者希望常识形象所描画的心灵也有同样的命运。科学家将证明，成为一个有意识、有思维、有自由和负责任的行动者很可能只是神经系统的某种复杂的物理特性。

20 世纪出现了许多不同类型的还原论，其中一些理论比其他理论更为合理。第一次还原论高潮出现在 50 年代。诸如乌林·托马斯·普赖斯（Ullin Thomas Place）、约翰·贾米森·卡斯维尔·斯马特（John Jamieson Carswell Smart）和大卫·阿姆斯特朗（David Armstrong）这些哲学家们都赞同，常识形象所描画的心灵特性都可以还原为神经特性。比如他们认为，感觉疼痛与某些神经纤维的激活相同一。鉴于上文中讨论的人的常识形象与科学形象之间的不相容性，还原论不被接受，我们对此并不意外。我们已经看到，意识领域与对大脑世界的科学理解似乎非常不同。神经激活模式根本不像意识经验。

神经还原论者试图扭转这种局面，他们列举了一些科学史上成功还原的例子来进行类比。水看上去并不像 H_2O 分子的集合，但它的确就是。意识经验并不像神经激活模式，但它们可能就是。不幸的是这种回应有个致命缺陷。"看上去"预设了一个观察者。水对我们人类观察者来说看上去不像 H_2O 分子的集合。然而当我们试图解释意识经验为什么看上去不像神经激活模式的时候，谁是观察者？对谁而言意识经验看上去不像神经激活模式？如果还原论者提出这不是它们呈现（appear）给我们的方式，那他就是承认，有一个不同于神经激活模式的表象（appearance）领域，而表象领域恰恰属于意识经验领域，也就是还原论者主张要还原成神经激活模式的那个领域！

这种还原论的早期神经科学版本还存在另外一个困难——心理特性很可能是可多重实现的（multiply realizable）。20世纪50年代末60年代初，希拉里·普特南（Hilary Putnam, 1960）等哲学家主张，心理特性，比如疼痛，原则上可以在由不同物质构成的系统中表现出来。例如，他们主张，未来由硅和金属线圈制造的机器人，或由未知物质构成的外星人，或其大脑非常不同于人脑的章鱼，也许都能感觉到疼痛。这表明，没有理由假设所有能感到疼痛的系统都拥有某种共同的物质。尽管它们可能都由物质材料构成，但它们可能是由不同的物质材料构成的。这意味着，疼痛这样的心理特性是可多重实现的。这种可多重实现性驳斥了上述神经还原论。如果像疼痛这样的特性是可多重实现的，那么它就不能与神经纤维的激活相同一，因为没有神经纤维的系统也能感受到疼痛。

当普特南第一次提出这些论证的时候，他力劝我们用一种更加成熟的理论形式代替还原论的早期神经科学版本。他主张，与其将心理特性还原为神经特性，不如将它们还原为可多重实现的功能或计算特性。普特南认为，大脑这样的认知系统可以被计算机模拟。正如计算机可被看作运行可多重实现的程序或软件的硬件那样，大脑也可被视为运行可多重实现的心理功能的物理"湿件"（wetware）。[5]因此，他主张将心理特性——比如疼痛——与计算的或功能的特性——比如能够在面对有害环境时触发回避行为的功能状态——相同一。

普特南提出的还原论被称为功能主义（functionalism），它得到了包括杰瑞·福多（Fodor, 1975）在内的一些哲学家的拥护。在20世纪后期的心灵哲学中，功能主义是解决调和问题的标准方法。人类心智的计算模型仍然发挥着巨大的影响力。尽管丹尼特本人并非还原论者，但他也认为人类认知的计算模型对于解决调和问题相当重要。遗憾的是，越来越多的人认为功能主义是不充分的。就连普特南这位功能主义最早、最有力的捍卫者最终也放弃了它。

即使反复思量，我们仍然不太清楚，功能主义在解决意向性、意识和自由意志问题方面究竟取得了什么样的进展。一旦我们意识到计算机既不是自由的，也没有意识，它的内部状态只能表示人们赋予它的含义，不能表示任何其他东西的时候，下列观点——心的状态同一于大脑中运行的软件，就像一台计算机——就没什么前途了。计算机只能按程序的规定运行；在这个事情上，计算机没有选择。我们没有理由假定计算机具有意识，即使它真的有，对运行在计算机上的软件的理解又如何能揭示成为一台计算机是什么样子？最后，尽管计算机程序由表示对象和特性的符号组成，比如说，在表格程序中输入的一个值可以表示一个学生在一次考试中的成绩，但这只是我上文中所说的"派生意向性"的一个实例。计算机中的符号所表示的东西是它的用户和设计者规定的，而人类思维的意向性看起来并不以这种方式依赖用户或设计者的意图。

我们对还原论这一解决调和问题的策略进行了简要介绍，这里的要点是，尽管有着美好的前景和巨大的影响力，但还原论还是失败了。如果心灵是真实的，它就必须真正是某种别的东西，这个观点作为调和人类本性的常识形象和科学形象的尝试彻底失败了。尽管计算机程序是理解心灵的一种启发性隐喻，但它把心理特性等同于计算特性，与把心理特性等同于神经特性一样，二者出于相同的原因而未能成功。常识形象中的心理特性与神经或计算特性之间有天壤之别。当然，这并不意味着研究神经系统、构建计算模型没有任何哲学意义。我们将会看到，对丹尼特来说，它们对调和科学形象和常识形象是必不可少的。只不过，那些是不同的调和方式。调和并不需要将心理特性还原或等同于神经或计算特性。本书的其余内容就是对丹尼特调和方式的详尽探讨。

丹尼特的传统：逻辑行为主义

20世纪的第二种解决调和问题的有效策略比还原论更为精妙，但许多支持者拒绝使用该策略的常用名称，因为它具有误导性。方便起见，我使用"逻辑行为主义"（logical behaviourism）来称呼它，不过仍然可能有不少该策略的代表人物不接受这个名称。逻辑行为主义者主张调和问题是个假问题（pseudo-problem）。认为调和问题存在，或者说科学形象与常识形象之间是竞争关系，这种看法源于一种逻辑错误。一旦我们理解了常识形象的逻辑，即我们用以谈论意识、思维、责任、心灵和人的语言所具有的逻辑，我们就会发现，这些语言与科学形象的语言是相容的（compatible）。丹尼特是该传统在当代最为杰出的代表，但也是该传统中的一位特立独行者。

逻辑行为主义有许多颇具影响力的代表人物，像路德维希·维特根斯坦（Ludwig Wittgenstein）和丹尼特的老师吉尔伯特·赖尔（Gilbert Ryle），丹尼特对他们的影响力都相当认可，但是他们都不重视对人类本性的科学研究。他们未能看到对人类本性的科学研究与心灵问题之间的关系。大致说来，传统逻辑行为主义者将我们用于描述意识、思维、责任、心灵和人的常识语言解释为对行为的可见模式的谈论。例如，说一个人感觉疼痛，不是要声称在他身上那些不可见的地方发生了什么，发生的事只有他自己能感觉到。相反，这是要声称，他具有一种以公开可见的行为模式做事的倾向，例如，蜷缩、呻吟、抱怨以及寻找消除疼痛的办法。笛卡尔认为，思维、意识和意志居于人体中某个神秘而不可见的领域，这种观点是一种误导性隐喻，它没能把握普通人使用词语"思维""意识"和"意志"的真正意义。赖尔讽刺笛卡尔隐喻是"机器中的幽灵"（ghost in the machine）神话（Ryle，1949）。在逻辑行为主义者看来，只有深陷笛卡尔神话的人才会认为神经系统科学或心理学与心灵哲学研究相关。笛卡尔神话致使人们期望对人的内部，尤其是大脑的科学研究能够揭示他们的意识心灵，包括那些真正的、至今隐藏不露的思维和意愿究竟是什么。但这与逻辑行为主义者对我们心灵语言的分析不一致。根据逻辑行为主义者的理解，人体中不存在有待发现的隐藏的心理状态。心理以公开可见的行为模式展现出来，所有人都看得见。

虽然丹尼特赞同逻辑行为主义者的基本思路，但他并不认同他们轻视科学、认为科学与心灵哲学无关的态度。与他的另一位老师，颇具影响力的美国哲学家威拉德·冯·奥曼·奎因（Willard van Orman Quine）一样，丹尼特将哲学工作视为科学工作的延续。这种对科学表示欢迎、认可对人的科学研究与对人的哲学探讨密切相关的立场被称为"哲学自然主义"（philosophical naturalism）。

还原论者是顽固的自然主义者。他们声称常识形象中的心灵，那一代又一代哲学家所思考的心灵，只不过是神经系统的一系列特性，是可以进行科学研究的。丹尼特的处境更艰难。他所采取的哲学进路否认科学与理解常识形象所描绘的心灵有任何关系，而他却想将这一传统进路与研究人类本性的科学进路整合起来。他不仅想要这么做，还主张该策略是调和人的科学形象与常识形象的唯一方法。

丹尼特解决调和问题的策略基本上是双管齐下的。第一"管"，他想纠正我们思考人的常识形象的特定思路。科学形象与常识形象之间看似存在冲突，部分原因是常识形象将心灵描绘成了一种超自然现象。心灵包含一个自我，自我能够直接无障碍地通达心灵中的任何思维和经验。自我还会利用这些信息迅速而理智地决定下一步的行动，它对身体的行为拥有绝对控制权。这些决定是完全自由地做出的。它们不受自然规律约束。心灵中充满了现象——缩小的建筑物和并非出于客观原因而变热的水，这些现象看起来与真实世界中的对象和特性非常不同。然而，这个现象世界只有一个人能通达：现象所在的心灵所属于的那个人。这些现象不能被任何其他人觉察；当他人探索这个人的内心时，他们发现的只有神经激活模式，没有现象。最终，心的状态是以某种神秘的方式关涉心外之物，尤其是关涉真实时空中不存在之物。丹尼特的逻辑行为主义先驱们开展了卓越的尝试工作，以纠正我们将心作为一个神秘领域的看法。谈论心不是在谈论某个机器中的神秘幽灵，而是在谈论某种可见的行为模式。丹尼特借鉴了这种策略：其部分目标乃是要削弱对心的常识形象的奇异、奇迹式描述。人的常识形象所具有的超自然性越少，就越易于与人的科学形象相调和。

丹尼特策略的第二"管"是使人的科学形象变得充实。哲学家们往往贬低了科学所研究的那些"纯粹"物质系统所拥有的能力。他们往往假定物质系统都能通过物理机械论中陈旧的钟表模型得到解释。甚至当代哲学家们的想象力似乎也囿于17世纪的物理机械论。当时，伟大的德国哲学家戈特弗里德·威廉·莱布尼兹（Gottfried Wilhelm Leibniz）曾想象自己按比例缩小了，以便能亲自查验大脑的机制（Leibniz, 1989, p. 215）。他想象自己正在探索一台巨大的，由齿轮、滑轮和杠杆组成的钟表装置。他很困惑：在这样一台机械装置中，哪里能找到意识？遗憾的是，在丹尼特看来，自莱布尼兹之后，哲学想象没有取得更大发展。丹尼特对当代人类的心—脑科学模型进行了深入研究，目的就是要纠正这种错误的想象。他认为，物质世界具有令人惊奇且难以理解的复杂性，科学正在揭秘这些复杂性，如果我们重视它，就更容易理解一个纯粹的物质系统如何能成为一个有意识、有思维、有自由和负责任的行动者。

于是，丹尼特对逻辑行为主义和哲学自然主义这两种有时看似相互冲突的哲学进路进行了整合，这对他实现调和人的科学形象和常识形象的目标是至关重要的。逻辑行为主义给予我们削弱常识形象的工具：如果仔细关注那些谈论心的话语的逻辑，我们会发现，它并不是我们所认为的那样一个超自然领域。哲学自然主义给予我们重视自然的神奇性和复杂性的工具：如果仔细关注当代神经科学、认知科学、人工智能和生物学，我们就会发现，自然并不像我们所认为的那样愚钝。于是，丹尼特的逻辑行为主义和哲学自然主义尽管从哲学史的角度看确实是一对奇怪的盟友，但它们的结盟非常有效，它表明人的科学形象和常识形象可能并不是奇怪的盟友。得益于逻辑行为主义对心理语言的关注，我们意识到自己不像有些人认为的那样超自然。得益于哲学自然主义对科学的尊崇，我们意识到自然比有些人认为的更加神奇。丹尼特指出，一旦我们认识到这两点，调和问题将很容易得到解决。

当然，细节决定成败。本书的其他篇章对丹尼特的工作——调和人的常识形象的具体特征与人类本性的科学形象——进行了详细探讨。在从事这项工作的过程中，丹尼特提出了一种有吸引力的、令人激动的新方法并对之进行了辩护，以便解决最古老、最深奥的哲学问题。下面是他提出的一些问题。某物是实在的，这是什么意思？认为一个有机体具有意识需要什么条件？动物有思维吗？思维和语言之间是什么关系？在一个因果世界中，自由如何可能？丹尼特对这些问题的处理既是有洞见的亦是充满争议的。读者朋友们请准备好，你们将要开始的这趟旅行将充满奇异的、令人兴奋的智力风景！

第二章 意向立场

导　语

正如我们在第一章谈到的，人的常识形象的核心内容是根据信念、意愿等各种类型的思维去解释人类行为。假设朱迪在躲避凯特。一个最佳的合理解释是，朱迪相信凯特想要伤害她，而她意欲避免受到伤害。但是恰如我们所见，如果对人类本性进行科学研究才是正路，那么像朱迪这样的个人所做的任何事都必须由她的神经系统状态引起。因此，如果想调和科学形象与常识形象，我们必须以某种方式解释这两种行为诠释理论如何相关联。朱迪因其相信和意欲的事而采取行动，她也因其神经系统的状态而采取行动。这两者如何相关联？

我们在试图回答这个问题时，有几个方面需要注意。首先，如果科学形象和常识形象都正确，那么在云朵这样的非信念者物质系统[1]与人类这样的信念者物质系统之间必定存在某种差异。任何调和科学形象与常识形象的尝试都必须解释，将信念者物质系统与非信念者物质系统区别开来的因素是什么。其次，任何调和科学形象与常识形象的尝试都必须解释，究竟是什么决定着信念者的信念，什么样的科学事实使得一些信念者相信天在下雨而不是天在下雪?

丹尼特做出了与众不同且争议满满的回答。为了更好地把握丹尼特观点的细微之处,以及它引起的各种争议,我们将它与另一种有竞争力的观点进行了十分有益的比较,该观点提出,信念等同于在"思维语言"(language of thought)或"心理语言"(mentalese)中形成的语句,这些"思维语言"在大脑中发挥了具体的因果作用(Fodor, 1975)。这是一种我在第一章中称之为"还原论"的理论形式:它将信念等同于大脑状态,这些大脑状态所具有的形式和功能类似于计算机程序语言中的代码所具有的形式和功能。提出此观点的动机是直截了当的。我们应该还记得,信念是哲学家称之为"命题态度"的东西。这意味着信念的关涉物,即它的内容具有语句形式;它必须用语句来表达。例如,朱迪信念的内容用语句"凯特想要伤害我"来表达;朱迪意愿的内容用"我不想受伤"来表达。如果命题态度是大脑中的心理语句,那么它们的内容具有语句形式就能够得到很好的解释。

命题态度的心理语言理论对上文中提出的两个问题做出了直截了当的回答。这种理论的支持者们将信念者物质系统与非信念者物质系统之间的差异看作是包含了特定作用的心理语句的系统与不包含心理语句的系统之间的差异。丹尼特对此有一番解释。拥有一个信念,如相信天在下雨,与拥有另一个信念,如相信天在下雪,二者之间存在哪些差别,心理语言还原论者可能会主张,当对语句"天在下雨"所做的心理语言翻译在一个信念者中发挥了适当的作用时,信念者就相信天在下雨。当对语句"天在下雪"所做的心理语言翻译在一个信念者中发挥了适当的作用时,信念者就相信天在下雪。而丹尼特的信念理论对此问题有不同的解决之法。

我在本章的讨论分为四个部分。首先,我将对丹尼特说明何为信念的理论进行阐释。其次,基于这种阐释,我将解释根据信念理解智能行为的常识路径与根据大脑状态理解智能行为的科学路径之间是如何相互关联的。再次，我会更为详细地探讨丹尼特的观点与心理语言理论之间的差别。最后，我要讨论一些对丹尼特观点的重要批评。

三种立场

信念这类常识概念与其他一些难以进行科学理解的概念之间有复杂的关联。我们在常识中往往认为信念不可避免地或至少潜在地具有意识性特征，因此信念的常识概念与意识的常识概念之间的关系异常紧密。一些人主张，严格说来，你只有成为一个人（person）才能拥有完全成熟的信念，因此信念的常识概念往往与人的常识概念深度纠缠在一起。丹尼特试图通过关注信念的概念简化来避免这样的纠缠。精简后的信念概念既抓住了常识概念的核心内容，又忽略了它与其他概念的复杂联系。特别是，他寻求构建一个脱离意识概念的信念概念。

还记得我们在第一章曾提到，意识的常识概念特别难以与科学形象相协调：科学关注的是客观、公开可至的现象，而意识被认为本质上是主观且私人的。在丹尼特看来，如果信念这一常识概念不能摆脱与神秘的意识概念的纠缠，它就无法与科学形象相调和。丹尼特试图在脱离意识概念的情况下，以客观的、易于科学处理的术语理解信念，进而根据信念概念解释意识。

为此，丹尼特提出，信念者是物质系统，它可以且有时必须用一种特定的预言性的、解释性的策略去解释，他将这种策略命名为"意向立场"（intentional stance）（BS, p. 6; IS, p. 17）。我已经说过，意向性是一个哲学术语，它指向一种为所有命题态度所共有的特性，即代表或关涉某种对象、情境或事件的特性。采用意向立场来说明物质系统就是要把该系统看作是好像拥有信念和其他关涉对象、情境或事件的命题态度的状态。意向立场是三种预言性/解释性策略的其中之一，人们可以用这些策略去解释某种复杂的物质系统。另外两种策略是"物理立场"（physical stance）（BS, pp. 4 – 5; IS, p. 16）和"设计立场"（design stance）（BS, p. 4; IS, pp. 16 – 17）。

我们可以通过丹尼特最喜欢的例子——下棋计算机——来很好地说明这三种立场（BS, pp. 4 – 7）。在丹尼特看来，我们对下棋计算机的理解有三种基本的方式。第一种方式是，你可以把它当作一个纯粹的物理系统。也就是说，你可以忽略它被设计用来下棋这一事实，只简单地把它当作一个复杂但遵守物理定律的物质对象。原则上，如果你知道关于下棋计算机内部状态的所有微观细节，你就可以借助物理定律预测它将来可能会做的任何事。如果你观察所有的电路、开关在同一时间所表现出的电学特性，并且了解这些电路、开关彼此的关联方式，你就可以借助我们的电磁学知识预测接下来的事情。当然，我们几乎不这样做。想要根据计算机目前的物理状态去预测它将会做的事没有实践上的可能性。然而，有时我们被迫采取这种解释策略。如果计算机没启动，可能是因为它没插电源，根据物理定律，没插电源的计算机是无法工作的。丹尼特称这种解释策略为"物理立场"。任何时候，只要我们根据系统的物理状态和物理规律来预测该系统的行为，我们都在对该系统采用物理立场。

理解某个物理系统，尤其是人造物和生物体的第二种方式是假设它们被设计为实现某种目的，之后预言它们将实现这种目的。例如，通常我不需要了解闹钟的全部物理构造也能知道，闹钟将在我设定的时间响铃。闹钟被设计成这样，并且，我一般也不需要为了预言或解释闹钟的行为而费力地去掌握它的工作原理。下棋计算机也可以用这种方式理解。它们是被程序员设计去实现某个目的的人造物。在机器不失灵的时候，即使人们不了解它们如何工作，也可以简单地假定它们将实现其目的，以此来预言和解释其行为。这种解释策略亦可用于解释有机体及其组织。我们可以预言心脏会供血，但不必了解心脏如何供血的物理细节。丹尼特将此解释策略命名为"设计立场"。任何时候，只要我们根据"它将做出被设计去做的事情"这一假设去解释或预测一个系统的行为，我们就是在对该系统采用设计立场。

我想指出的是，设计立场有三个重要特征。首先，它比物理立场更有效。我这么说的意思是，它能使我们在预测复杂系统时节省大量时间和精力。我不需要为了预测闹钟会做什么而浪费时间和精力去了解闹钟的内部结构和状态。我只需要知道闹钟的用途而不必在意其他物理细节。其次，设计立场体现了哲学家称之为规范性假设（normative assumption）的东西。采用设计立场，我们可以根据系统应当做什么来预测它将会做什么。闹钟会在你设定的时间响铃，因为这就是它应当做的。最后，设计立场会出错。只有在你将设计立场应用于其上的那个系统运转正常且某些必备条件都满足的情况下，设计立场才能起作用。如果闹钟被摔坏了，或者没有通电，抑或没上发条，设计立场对闹钟行为的预测便会出错：闹钟在你设定的时间不会响铃。第二和第三个特征是相关的：因为设计立场依赖于规范性假设，即系统会做它应当做的事，如果出于某种原因，它们不能做它们应当做的事，设计立场的预测就会失败。因此，尽管在预测或解释复杂系统的行为时，设计立场可以节省时间和精力，但它具有固有的风险性：它依赖于规范性假设，而规范性假设有时候不起作用。

理解物质系统的第三种方式是假设该系统得到了最佳（optimally）设计以实现某种目的，之后预言它将会以最佳方式实现其目的。以下棋计算机为例。为了尽可能高效地预测和理解它的行为以便与之进行对弈，即使是设计立场也太耗费时间。如果从设计立场预测下棋计算机走的每一步，人们需要知道计算机在下棋时所运行程序的细节。换言之，人们需要知道程序设计者想让计算机执行的各种功能，并预言它将会执行这些功能。但下棋程序的复杂程度难以想象，通常我们无法快速发现这些程序的结构。相互竞争的软件公司耗资几百万美元与大量的人力工时，只为弄清楚对方开发了什么软件。幸运的是，那些与计算机下棋的人不必这么做。如果某人假定计算机被设计为以最佳方式下棋，他就会忽略程序的所有细节，只简单地预测计算机将会根据赢棋的目的而做出最佳的或最合理的行动。丹尼特将这种解释策略命名为"意向立场"，因为它是将意向状态归属于一个系统。当某人与计算机下棋时，他假定计算机意欲击败自己，并且避免被击败。他还假定计算机相信不同的棋子以特定的结构排列于棋盘之上，相信移动棋子需要遵循特定的规则，相信特定的移动方式会增加获胜的概率或减少输棋的概率。

因为意向立场是一种基于最佳或最合理设计假设的设计立场，它展现出了我上文提到过的设计立场的三个特征。在预测和解释某种复杂系统时，它比物理立场和设计立场更高效、更省时。我们在与计算机下棋时既不需要知道计算机物理层面的"硬件"特性，也不需要知道它所运行的下棋程序在设计层面的"软件"特性。通过假定计算机想要获胜，并且它知道下棋的规则和目前棋盘的格局，能够区分好和坏的棋招，我们就能以较高的准确率预测计算机将会如何应对我们的棋路。意向立场制定了比设计立场更为严格的规范性假设：意向系统被假定为不仅按设计去行动，而且以可能的最合理的方式去行动。其结果是它比设计立场的风险更大。意向立场不仅在系统不能依设计去行动的时候会产生错误的预测，而且当系统由于设计欠佳（sub-optimal）而不能以最合理的方式应对环境时，也会产生错误的预测。[2] 然而，在处理某些系统，尤其是人类和计算机这样的智能人造产品时，冒险也是值得的。通常，如果不做出这样的假定，即某个系统将根据它们的目标和所获得的信息去选择最合理的行动，我们就不能快速预测该系统的行为并进行应对。

丹尼特指出，一些系统"在意向策略下可以进行可靠而广泛的预测"（IS, p. 15），这是一个客观事实。实际上，包括人类在内的某些系统用其他方式是无法理解的，只是因为这些系统太复杂，难以从物理立场或设计立场进行解释或预测。丹尼特称这类系统为"意向系统"（BS, p. 3）。在丹尼特看来，一个系统是否是意向系统，这是一个纯粹客观的、第三人称的问题。而且，他的意向系统概念并不会像常识的信念概念那样，与不易于科学处理的概念产生关联（BS, p. 16）。在决定一个系统是否能够算作丹尼特所谓的意向系统时，我们既不需要确定它是否是有意识的，也不需要确定其意识的内容。我们不需要确认它是不是一个人。实际上，理解它的最佳方式就是对该系统采取意向立场，这才是最关键的。依据这种观点，人类、计算机和某些动物都可以称之为意向系统，因为没人会否认理解它们的最佳通常也是唯一的方式就是采用意向立场：假定它们有目标、能获取某些信息，它们会根据目标和信息决定最合理的行动方案。

在定义并解释了意向系统这一专业术语后，丹尼特借助它来回答上述关于命题态度的哲学问题。丹尼特认为，成为一个信念者就是成为一个意向系统。即，任何一个从意向立场看能够进行可靠而广泛预测的系统都可算作意向系统，这样的系统就是真正的信念者（IS, p. 15）。而且，系统具有的具体信念和意愿是那些我们必须归属于它的信念和意愿，这样它的行为才是合理的。把一个系统看作意向系统就是把它当作完全合理的。出于这个原因，我们认为属于该系统的信念和意愿就是那些使系统行为具有意义的信念和意愿，是使系统行为得以成为最合理的行动过程的信念和意愿（BS, pp. 5–9; IS, pp. 17–20）。

比如，假设我们看到一条狗正在追一只松鼠，追到一棵大树旁之后，狗在不停吼叫。如果我们把狗看作一个意向系统，我们必须给它归属信念和意愿，这些信念和意愿使得狗在树旁吼叫的行为成为最合理的行动过程。相应地，即使松鼠其实是在另一棵对上，我们也必须把以下这些意向状态归属于这条狗：狗相信松鼠在那棵树上，它就在那棵树旁吼叫，它想要抓住松鼠，它相信在树旁吼叫可以帮助它抓住松鼠（要么是因为松鼠被吓到了，要么是它的叫声吸引了主人的注意来帮助它抓松鼠，要么是其他原因）。这一组命题态度使狗的行为有了意义；它们使狗在树下的吼叫看起来是一个合理的行为过程。假设我们把另一组不同的信念归属于狗；假设我们假定狗相信松鼠在另一棵树上，而不在它旁边的这棵树上——它正在这棵树旁边吼叫。这不能使狗的行为有意义；这不能使狗在树旁吼叫的行为看起来具有合理性。因此，根据丹尼特的观点，我们就知道这不是狗的信念。把狗看作意向系统就是把信念和其他意向状态归属于它，从而使得其行为具有合理性。在丹尼特看来，这是准确决定狗拥有哪种意向状态的充分约束条件。[3]

丹尼特观点的特点是我们必须将信念和意愿归属于意向系统以使其行为是合理的，这对于解决调和问题的一个重要方面是个好的开端。还记得在第一章中，我们归属于人的许多信念和意愿都在关涉不存在的对象、情境和事件。比如说，许多孩子都相信圣诞老人会在平安夜给他们带来礼物。信念这一常识概念很难与科学形象相调和，因为我们的行为的确由脑状态引起，很难看出真实的、实在的脑状态怎么能涉及并不存在的对象。但根据丹尼特的主张，如果从意向立场归属的信念必须使人的行为有意义，也就是使人的行为是合理的，那么关于不存在物的信念就不再是什么神秘之物了。只有假定这些物理系统，包括人和动物，确实相信不存在之物，它们的行动方式才能成为有意义的。唯一使孩子热切期望平安夜的行为有意义，使这一行为以及其他相关行为具有合理性的信念就是圣诞老人将要来到的信念。丹尼特主张，掌管意向立场的合理性假设使我们能够构建"概念世界"（notional world），即意向系统居于其中的主观或精神世界，那里有或者可以或者不能对应于现实对象的概念对象（IS，pp：152 - 153）。很多孩子都居住在容纳着圣诞老人这种概念对象的概念世界里。

我们现在大体上了解了，就我第一章所说的调和问题，丹尼特解决该问题的方案其核心内容是什么。他用以下方式调和信念这一常识概念与人的科学形象。一些物理系统非常复杂，不过看起来是被设计为实现某种目的的。在这些系统中有这样一类，其行为可以通过假设它会依据自身的目标和所获得的信息来做出最合理的行为，因而使之成为可靠的、可预测的。这些系统就是意向系统。任何属于意向系统的物理系统都是一个信念者。而且，它所拥有的具体命题态度是以这样的方式被决定的：我们假定系统拥有目标和信息，它的行为就是合理的。这些目标可算作系统的意愿，那些所获得的信息可算作信念。我们需要特别强调，这里所提出的对信念这一常识概念的分析看起来是易于进行科学处理的：在丹尼特看来，一个系统是否是意向系统是个完全客观的问题，该问题不依赖于那些原则上很难处理的问题，比如系统是否是有意识的、意识的内容是什么、系统是否是一个人。

意向立场的运用

鉴于丹尼特的目标是为常识形象的概念在科学世界中找到一个位置，那么问题就出现了：意向立场在人类行为的科学解释中起着什么作用？毫无疑问，将某些系统当作意向系统有非常了不起的作用。正如丹尼特所说的，如果没有它，我们要怎么去设计一个陷阱，或打败一台下棋计算机！但是对某个系统——无论该系统是人、非人动物还是下棋计算机——的意向描述与对它的设计或物理层面的描述有什么关联性？

尽管将某些系统看作意向系统通常是对这些系统进行解释的最佳或唯一出发点，但在丹尼特看来，我们不应将解释工作停留在这个层面上。每当理论家用意向术语描述一个系统时，他都会使用"智能借贷"(*a loan of intelligence*, BS, p. 12)。这意味着，他假定有需要进一步解释的东西。我们经常用意向术语描述计算机和大脑这样的复杂系统，例如，处理符号、遵守指令或发送信息。符号、指令、信息及其他类似的东西都是意向事件：它们有内容，也就是说，它们代表对象、事件或情境。虽然这些意向描述往往看似没什么可解释的,但丹尼特认为它们极不完整。在他看来,这类描述预设了符号的读者、指令的发布者和信息的发送者(BS, p.12)。换言之,用第一章介绍过的一个术语来说,它们预设了小人(homunculi)。任何研究人类行为的科学的目标都是要解释人的能力。这其中就包括智力能力和其他意向现象的能力,但如果这些能力是由智能小人的能力来解释,那就相当于什么都没说。这就是为什么丹尼特认为对系统的任何意向描述,无论多么简明且具有解释力,都使用了智能借贷:这些描述预设的东西正是研究人类行为的科学力求去解释的东西,也就是人实施智能行为的能力。

研究智能行为的科学家需要偿还智能借贷——这些智能借贷是他们最初从意向立场描述智能系统时不可避免会借用到的,丹尼特提出的偿还方式是什么呢?在他看来,借助成分小人的能力解释某个系统的智能能力并没有错,只要所有的小人都比被解释的系统所具有的智能性更少。也就是说,只要把被解释的能力解释成以某种方式从只具有有限能力的多种组成部分的合作行为中产生,那么智能借贷就得到了偿还(BS, pp.122-124; SD, p.137)。例如,人的视觉系统仅仅基于视网膜上的刺激就能构建世界的三维模型,这种能力需要一种智能。正如我们在第一章所见,该能力不能根据位于大脑某处的小人——小人使用具有同等智能的视觉系统来处理信息,那些信息通过眼睛投射到类似镜子之类的东西上——来解释。然而,正如认知科学中一些经典的研究范式所假定的,[4]这种能力可以根据一些更有限的能力之间的合作行为来解释,[5]这些更有限的能力只需要较少的智能。

用丹尼特的话说,认知科学和其他研究人类本性的科学所提出的解释应当构成一种"连续体",该连续体通过我们对复杂系统采取三种解释立场而形成(IS, p.227)。我们以意向立场描述为出发点,在该立场下,系统被视为合理的和以最佳方式被设计的。这个层面上不可避免地会产生智能借贷,而当我们解释一个物理系统如何才能被设计成接近那个最佳典范时，智能借贷就得到了偿还。尤其是我们表明了，那些具有较少的理性、能力更有限、被设计去完成更有限目标的成分，它们之间的合作行为在某些情况下如何能够产生表现出理性的系统性行为。我们在此处从对整个系统的意向立场描述下降到了对其组成部分的设计立场描述。

例如，一台理想中最合理的下棋计算机可以根据击败对手或避免被击败的目标，以及它对目前棋盘上的形式和国际象棋规则的了解选择可能的最佳棋招。然而，无论人还是计算机，任何现实中的棋手都不可能确保它的棋招是最佳的，因为可能的应对招数以及对应对招数的应对方式太多，棋手不可能在有限的时间内搜索完全。在轮到一方走棋时，对于符合规则的大约六种移动棋子的方式，棋手必须考虑对手可能采取的大约六种对策，以及自己对这些对策的应对，等等。现实中的棋手没有时间考虑所有这些可能性。作为替代，他们依靠的是*启发式方法（heuristics）*或经验法则，如"不要太早走出王后"，这使他们能够接近理想中最合理的下棋过程。启发式方法由智能性亚于整个系统的成分小人执行：与其说是被设计来下棋，不如说每个小人都是被设计成发觉某组具体的、有限的情境，并对那些情境实施一组具体的、有限的反应。我们对系统的意向立场描述突显了它所具有的那种显然是合理的下棋能力，当我们根据由那些有限的成分小人所执行的启发过程来解释这种能力时，我们就在试图偿还智能借贷的过程中下降到了设计立场。

上述过程在每个能力更有限的小人那里又继续重复，直到我们到达了这样一个描述层面，在那里，每个小人所从事的工作都可以由一个完全无智能的物理过程来完成。比如，以数字计算机为例，我们最终到达了这样一个描述层面，所有正在发生的事只是开关在"开"和"关"的位置之间来回跳动，形成一组由"1"和"0"构成的二进制字符串。在这里，我们完成了对系统的物理立场描述。所有智能借贷都还清了，在最高级的意向立场描述中使用的常识概念已经与物理立场中的科学概念实现了调和（BS, pp. 122 – 124；SD, p. 137）。

在对智能行为的解释中，意向立场如何与描述系统的其他方式相关联，丹尼特对该问题的看法受计算机科学和认知科学中的标准方法论的启发而产生。程序员开发软件时，他们的出发点是从高级的意向立场描述他们希望计算机所从事的工作。例如，他们想设计一个能赢得象棋比赛的下棋软件。之后他们进入到"算法层面"：编写可被计算机执行且具有下棋功能的程序。最后，他们在现实计算机的物理硬件中开发出执行这些程序的方法。认知科学也采用类似的方法论。自然的认知系统，比如人或动物，都被看作是运行软件的计算机，而软件则是被逆向开发的。首先，我们从丹尼特所谓的意向立场出发，决定我们要想解释的智能能力。之后，我们假设一些更有限的能力者，它们通过合作实现我们想要解释的能力。最后，我们研究这些更有限的能力如何可能在生物性大脑的物理层面中实现。认知科学和人工智能领域的许多学者都自觉地采纳了这种方法论。丹尼特只是将这种常规进路用于解释常识形象如何与科学形象相调和的问题。

意向立场与思维语言假说

许多时候，丹尼特都在思考这样一个问题，当对人的大脑采用设计立场的时候，我们能够辨别出来的是哪种成分小人。换言之，他所思考的是，人类的大脑如何能够实现那种在人的意向立场描述中显然存在的理性。丹尼特的哲学观点并没有隐含这一问题的答案；对他来说，这是严格的经验问题，他的方案之优点恰在于不会与经验问题的其他答案相冲突。事实上，正是由于新经验事实的出现，丹尼特改变了他对上述问题的看法。早先他与福多（Jerry Fodor）一样，认为大脑可能是借助运行思维语言实现意向状态描述的，就像数字计算机运行程序语言那样（IS，p.34）。就在最近他提出，大脑使用的认知过程根本不是语言过程

(BC, pp. 91-92)。我把他的思考单列出来，因为它们不仅揭示了丹尼特哲学方案的重要优势，而且更加清晰地突显出他在调和常识形象与科学形象时的非还原论方法。

丹尼特借助意向立场来理解信念及其他命题态度，这种理解的优势在于，它对认知科学中的经验发展保持了一种很受欢迎的中立态度。意向立场解释了成为信念者是什么样子，但它并未就人脑如何获得信念者的地位这一问题做出明确表态。此中立性之所以受欢迎，因为它最终不会使我们作为信念者的地位依赖于科学的经验发展趋势。无论科学关于大脑有什么新发现，在丹尼特的观点中，我们依然是意向系统，因而是信念者。这是因为，无论如何人的行为从意向立场看总是可以进行可靠而广泛的预测，这就是实际情况。鉴于丹尼特的目标是调和人类本性的常识形象与科学形象，中立性显得十分重要，因为没人知道科学对人的大脑会有什么新发现。其他调和方法，如福多的还原论，主张命题态度应当与在大脑中起恰当作用的心理语句相同一，这就偏离了中立性立场：该主张必须支持以下可能性，即科学将会发现我们并不是真正的信念者（IS, p. 93）。[6]如果这种还原论是唯一可得的调和理论，它将使命题态度这类常识形象的组成部分面临被取消的风险——取消的依据便是关于大脑的最新经验研究成果（Churchland, 1981）。

值得一提的是，究竟是什么激发丹尼特提出了反还原论主张。丹尼特将信念者当作意向系统，这种理解依赖于一种直觉，即我们会把任何具有特定能力的系统当作一个信念者，无论该系统内部能够解释这种能力的东西是什么。在丹尼特看来，我们不应该将信念与心理语句相同一，其原因与我们不应该将信念同一于神经化学状态的原因是一样的。由不同化学物质构成的有机体和人类一样都因其行为方式而可算作信念者，在丹尼特看来，无论是脑中运行不同心理语言程序的人类，还是脑中没有运行任何心理语言程序的生物体，都可算作信念者，它们相信的是同样的东西（IS, pp. 66-67）。这不仅对调和常识形象和科学形象的事业很有益，也与常识相一致：如果一个人可以与一个系统交流，无论该系统是另一个有机体、外星人还是一台计算机，并且他和它交流的方式与他和他所知的有信念之人交流的方式相同，那么这些系统的内部结构怎样又有什么重要性呢？还是说无论我们对于它们大脑的构成方式有多少认识，我们都不会将其视为信念者？

要理解丹尼特的信念观与福多这样的心理语言还原论者的信念观有什么差别，一种可能的方式是，区分两个经常被混为一谈的问题。例如，什么使某人是一个丈夫与某人如何成为一个丈夫，这两个问题有所不同。第一个问题涉及定义（definition）。使某人是一个丈夫的至少一部分要件是他被相关权威机构认为如此。在美国的大部分地区，只要某人合法地与一位女士结婚，那他就是一个丈夫。第二个问题是个因果（causation）问题：某个特定个体如何成为一个丈夫？也就是说，什么原因导致他与一位女士结婚并因此成为一个丈夫？对于这个问题，有多少位丈夫就有多少种回答。有些人因为坠入爱河而成为丈夫，另一些人是因为渴望居民身份，还有一些人是受到拿着猎枪的愤怒的父亲的威胁。

对于信念者，我们也可以问同样的问题。我们可以问：什么使某物是一个信念者？我们也可以问：某物如何成为一个信念者？丹尼特将二者严格地区分开来（IS, pp. 43 - 44）。在他看来，任何情况下，使一个系统是信念者的东西，就是系统可以从意向立场进行可靠而广泛的预测。然而，是什么导致一个系统达到这种状态却是视情况而定的。在一种情况下可能是由于大脑运行了心理语言，正如计算机运行了程序语言那样。在另一种情况下，可能是由于大脑使用了某种其他的认知过程。

把握定义问题和因果问题之间的区别十分重要，它有助于我们理解丹尼特早期论著中有关心理语言的阐述。丹尼特有一段时间曾设想，一个物理系统能够成为意向系统的唯一途径就是以计算机运行程序语言的方式运行心理语言（IS, p. 34）。这些设想是在计算机隐喻在认知科学中处于主流范式的那个时期提出的。然而，即使在那个时期，丹尼特仍然十分注意使自己的观点有别于福多：在福多看来，[7] 成为一个信念者就是要由类似计算机那样的系统来控制，这个系统以计算机运行程序语言的方式运行心理语言。相信雪是白的，就是对在人脑中起适当作用的英语语句"雪是白的"进行心理语句翻译。丹尼特从未采纳过这种观点。尽管他不排斥以下观点：唯一能导致某系统作为意向系统，进而作为信念者去行动的一种机制就是像计算机一样运行心理语言的大脑（IS, p. 34），但他从未主张这就是使一个系统成为信念者的东西。根据他的看法，使一个系统是一个信念者的东西只是它作为意向系统的状态。而导致一个系统进入这种状态的东西是什么，这是个悬而未决的经验问题。

对意向立场的批评及丹尼特的回应

对于丹尼特的主张——成为一个信念者的全部意义就是成为一个意向系统，成为一个意向系统就是该系统可以从意向立场进行可靠而广泛的预测——曾出现过两种主要的批评。第一种批评质疑丹尼特的以下观点，即要将某物看作信念者，你必须将它看作具有理想的合理性。第二种批评试图将丹尼特的主张归入解释主义（interpretationism）（IS, p. 15），其观点是信念不是一种客观、科学的现象，因为某个主体相信什么就是观察者把主体解释成他相信什么的问题。我将对这两种批评以及丹尼特的回应做简短讨论，从而对本章进行总结。

第一种批评出现在丹尼特首次提出信念者是意向系统这一论点后不久，由斯蒂芬·斯蒂奇（Stephen Stich）在一份公开发表的与丹尼特的谈话录中明确提出（Stich, 1982; IS, pp. 83 - 101）。在斯蒂奇看来，问题在于人们经常做出不合理的行为，但是除了极少数情况，他们在实施不合理的行为时并没有失去他们作为信念者的状态。以一个卖柠檬水的人为例，这个例子集中了斯蒂奇与丹尼特争论的焦点。一个小孩卖一杯柠檬水收费12美分。你给他25美分，他找给你11美分零钱。他的感觉系统工作正常：他看到你给了他25美分而且他找给你11美分；然而他却相信自己没找错钱。这种错误随处可见。它们是无伤大雅的不合理性的例子。也有极端不合理性的例子，比如精神病患者。在这类不合理性的情况中，斯蒂奇同意丹尼特的看法，即信念概念不适用（Stich, 1982, p. 50）。通常，精神病患者的行为是极不合理的，他们到底相信什么，这个问题没有答案。然而，斯蒂奇认为，在日常生活中，对于找错钱这种无伤大雅的不合理性的例子，我们不应该得出同样的结论。我们不能仅仅因为小孩没有找对钱就下结论说他缺乏某种相应的信念，或者他没能成为一个信念者。

丹尼特坚持自己的观点，他认为把某人看作一个信念者就是把他看作一个意向系统，把某人看作一个意向系统就是把他看作是理想中最合理的。若某人不是理想中最合理的，他就不能成为一个意向系统，因而，根据丹尼特的观点，他不是一个真正的信念者。看起来当那个孩子找错钱的时候，他在那个时刻不是一个真正的信念者。丹尼特对此如何回应呢？

丹尼特认为，要对系统运用意向立场至少需要遵守三条合理性规范：（1）意向系统根据它们的感知能力与所需信息拥有它们应当拥有的信念，即真正的相关信念；（2）意向系统根据它们的生物需要拥有它们应当拥有的意愿；（3）意向系统根据它们的信念和意愿以算得上合理的方式行动（IS, p. 49）。丹尼特承认，真正的信念者往往会拥有违背第一条标准的错误信念。不过在他看来，这种例子中总有一些特殊情况可以解释错误信念的产生，比如，感觉器官的失灵（IS, p. 18）。卖柠檬水的小孩这个例子更为复杂一些。在假设的情况中，卖柠檬水的孩子感觉器官功能正常。他知道：（1）柠檬水卖12美分；（2）顾客给了他25美分；（3）他给了顾客11美分；（4）25 – 12 = 13；（5）25 – 12等于应找的正确钱数；(6) 11 不等于 13；然而他认为 (7) 给顾客找对了钱 (IS, pp. 85–86)。

丹尼特认为，这个例子说明意向立场没有追踪到一个人大脑中真正发生的情况。当我们在确定意向的常识形象术语在多大程度上最佳地阐释了人脑中发生的事情时，我们使用的是抽象"标准"(IS, p.92)。由于包括人在内的任何物理系统都不能完美地达到这种水准，因此像卖柠檬水的小孩这类失误就在所难免了。在这个例子中，不可能准确说出人们到底相信什么：我们有充足的理由相信卖柠檬水的小孩拥有上述的全部七种信念，这似乎意味着，丹尼特所谓的"彻底的非理性因为过于严苛而无法得到认同"(IS, p.86)。在丹尼特看来，比较合适的回应是卖柠檬水的小孩只是算术学得不好，因而，考虑到这种一时的合理性缺失，包括信念在内的意向立场概念的运用并不是完美无缺的：在这种情况下，卖柠檬水的小孩不是一个真正的信念者。我们必须放弃意向立场而转向更低层次的立场，如设计立场，来解释孩子大脑的次佳设计 (sub-optimal) 如何导致了不合理的行为。这就是当一台下棋计算机走出一招坏棋时我们所做的事：我们得出结论说程序的设计是次佳的。

然而，这样的回应包含着潜在的危险。既然没有人具有理想中的理性，这不是意味着人类不是真正的意向系统，因而也不是真正的信念者吗？这不是放弃了调和常识形象和科学形象的尝试，把前者降到第二等级的层次了吗？丹尼特始终坚信，我们的理性以及我们作为意向系统和真正信念者的地位是真实的，因为我们是自然选择的产物，自然选择必然会产生理性的生物，因为有理性的生物比没有理性的生物能更好地存活和繁衍 (IS, p.33)。但是，正如斯蒂奇所指出 (Stich, 1982, p.52) 并且丹尼特也承认的 (IS, p.51)，没什么能确保有理性的生物能比没有理性的生物更好地存活和繁衍。例如，一种性格多疑的动物不会等到所有证据都齐备才确定灌木丛里移动的东西是不是它的天敌，这种动物比那种要认真权衡所有信息的动物更有优势。另一方面，从动物基因的角度看，性格多疑可能比浪费宝贵的资源去对天敌的出现做出最合理的防御性决策更为合理（IS, pp. 96 - 97）。正如丹尼特所指出的，合理性是一个含糊的概念。在严格的逻辑和决策理论的标准之下，人类并不总是理性的。[8]然而，丹尼特满足于将合理性理解为"一种具有认知优势的通用术语"（a general-purpose term of cognitive approval）（IS, p. 97）。他主张将这种标准应用于特定的复杂系统，尤其当这些系统是像自然选择这样的进化过程的产物时，以使我们能够追踪到系统行为的"实在的模式"（real patterns）（BC, pp. 95 - 120）。我将在第六章讨论丹尼特对进化和实在的模式的理解时再回到这些论点上来。

第二种对丹尼特论点的批评一般是将它归入解释主义理论。此语境中的解释主义持这样一种观点，即不存在真正的信念者。把信念和意愿归属于人、动物、计算机和其他系统的做法就像文学评论：它在一些语境中有用，但它不可避免是主观的，不对应任何系统中客观实在的东西。

在丹尼特看来，成为一个信念者就是成为一个意向系统，成为一个意向系统就是可以从意向立场进行可靠而广泛的预测。然而丹尼特也承认，世界上几乎任何对象都满足这个条件。例如，在牛津大学做关于这个题目的演讲时，丹尼特要求他的听众们考虑一下他面前的那个讲台。我们不能将下面的信念和意愿归属于讲台，从而使它的行为具有意义吗？讲台想要处在讲英语的学者们中间，并且相信这就是它在的地方，因此，它选择仍然待在那儿。我们的预测得到了证实：讲台没有移动。这意味着讲台是一个意向系统吗？别忘了，它可以从意向立场进行可靠而广泛的预测。丹尼特的回应是，我们有其他方法解释为什么讲台没有移动。只是对某些系统，像人类、非人动物和计算机，意向立场才是必不可少的：我们没有其他方法预测和解释它们的行为（IS, p. 23）。因此，意向系统是那种可靠的、从意向立场可预测的系统，且不能用其他任何方式预测和解释。但这一做法使丹尼特面临着解释主义的责难。

原因在此。[9]假设一群高级火星人造访地球，他们的科学能力比我们要强大得多。在他们眼里，我们看起来只是简单的物理系统，就像恒温器在我们眼里一样。这些火星人完全从物理立场出发就可以预测我们做的任何事。他们无须利用设计立场或意向立场的高效性来预测和解释我们的行为；他们的大脑如此高级，以至于他们可以预测和解释我们所做的任何事，与我们预测和解释恒温器的方式一样。尽管对我们来说，意向立场是预测和解释人类行为必不可少的工具，但对火星人来说，它不是不可或缺的。鉴于丹尼特对"讲台问题"的回应，这看似意味着对火星人来说，人并不是意向系统，而对其他人来说，人是意向系统。这不正是解释主义的观点吗？某物是否是意向系统根本不是一个客观问题，它只是当某人的大脑太有限而不能以物理方式理解这些系统时，对它们进行解释的一种方式；如果某物作为意向系统的地位以这种方式取决于解释和预测者的能力，那么它就是一个完全的主观事件。出于某些目的（我们自己的目的），我们不得不被视为意向系统，但出于其他目的（火星人的目的），我们可以单纯被看作物理系统。这与解释诗歌有什么区别呢？诗歌可以为此目的而以此方式解释，也可以为彼目的而以彼方式解释。

就丹尼特关于常识概念和其他命题态度的观点而言，这是一种最有影响力的反对意见。他经常被指责为工具主义（instrumentalism），工具主义的观点是这些概念不对应任何客观上实在的东西，只是预测行为的有用工具。丹尼特想要捍卫的观点则处在工具主义与心理语言假说这种"强实在论"（industrial strength realism）之间的危险地带（BC, p. 45），在强实在论看来，信念是实在的、具体的、类似语句的大脑状态，它像细菌的传播一样是客观的。丹尼特写道：

> 信念是完全客观的现象（在这一点上我显然是个实在论者），然而它只能从采用了特定预测策略的人的视角才能被觉察到，只有

承认这种策略的有效性,信念的存在才能得到证实(在这一点上我显然是个解释主义者)。(IS, p. 15)

为此,他对工具主义责难进行了复杂而精巧的回应。他声称,任何忽略我们作为意向系统,进而作为信念者地位的解释都错过了人类行为的实在的模式。[10]

即使拥有高级科学能力的火星人,如果他们只把我们当作物理系统,他们也会错过这些实在的模式。例如,当我们把信念和意愿归属于纽约证券交易所里的那些商人时,想想我们所追踪到的模式(IS, p. 26)。我们可以通过假设他们相信和意愿的东西来预测他们的行为。火星人可以根据物理立场描述和预测同样的行为:只需观察某个商人的大脑状态和他周围环境的物理状态,他们就可以精准预测商人为了买入股票而在计算机上进行的重要操作。然而,火星人会错过这样的事实,即相同的交易也可以用无数不同的物理方式完成。商人可以打电话进行交易,也可以打手势示意交易等。所有这些都算得上同一种行为,也就是完成同一宗交易,这个事实被火星人错过了:它是一种抽象却实在的模式(real pattern),只能从意向立场觉察到,从物理立场是看不出来的。因此,有一些实在的东西被火星的"高级科学家"们错过了,如果我们没有把意向立场运用于人类;如果他们不把我们看作是信念者。正是在这种意义上丹尼特认为,当从意向立场理解时,信念与其他命题态度这些常识概念对应着世界的科学形象中某些客观实在的东西。[11]

今后的工作

在最早出版的著作中,丹尼特捍卫了一种解决调和问题的比较具体的方案。常识形象的中心概念构成了一个彼此增强、令人印象深刻的整体：人类是这样一种人，他能基于有意识的信念和意愿做出自由合理的决定。人的常识形象看似拒绝与科学形象相调和。丹尼特将这些概念与科学形象进行调和的策略从一开始就是"分而克之"。在他看来，常识形象盔甲上的裂缝就是意向性：如信念和意愿这样的意向状态最易于与科学形象相调和。在本章中，我们已经看到了他对这一部分调和问题给出的解决方案。但这只是第一步。丹尼特的目标始终是回答下列问题："有哪些心灵珍宝是意向硬币无法购买的吗？"（BS，p. 16）他说这话的意思是：常识形象中的其他核心概念，像意识、自由意志和人格，可以根据信念这类意向状态来充分理解吗？如果可以，调和问题就有可能解决：信念和其他意向状态都可以根据意向系统中易于科学处理的概念来理解，其他心灵珍宝则可以根据不同类型的意向状态来理解。

在接下来的三章中，我将解释丹尼特如何试图用意向状态的硬币来"购买"常识形象中的其他心灵珍宝。第三和第四章解释丹尼特的意识和自我理论。第五章解释他的人格和自由意志理论。

在丹尼特看来，他对信念这类心理状态具有何种意向性的看法与多数人所认可的看法有根本性不同。正如我们在第一章中看到的，大部分哲学家都在派生意向性（*derived* intentionality）与固有意向性（*intrinsic* intentionality）之间做出了区分。人造物表面上具有意向性，比如，语词"cat"代表猫，但这种意向性是从人这个语词设计者和使用者那里派生出来的。然而，根据大多数人的看法，这些意图以及其他人类心理状态的意向性不能从任何东西那里派生出来：人的心理状态必须具备固有或原初意向性（*original* intentionality）。丹尼特则认为，原初意向性压根就是神秘而不科学的概念（IS，Ch. 8）。在他看来，所有的意向性，包括人的心理状态的意向性，都是派生的。那么人和其他生物系统从哪里派生它们的意向性呢？丹尼特的回答是"自然之母"（Mother Nature）（IS，p. 298），或者更具体地说，是自然选择的进化过程。作为选择过程的产物,这些系统展现出只有从意向立场才能追踪到的行为的实在模式。因此,它们的意向性是从自然选择的进化过程那里派生而来的。自然选择过程本身也只能在对自然之母采用意向立场的情况下才能得到理解。这意味着,第二章遗漏了一个重要问题:丹尼特在将信念和意向性等常识概念与科学形象进行调和时,他所提出的主张很大程度上依赖于他对进化的理解。第六章主要就是填补这个空白。

第三章　逃离笛卡尔剧场

导　语

在第一章里，我简要介绍了意识这一常识概念的各种不同特征，这些特征看起来特别难以与科学形象相调和。其中第一个特征是托马斯·内格尔特别关注的主体性（Nagel，1974）。成为某个人或某个生物体是什么样子，关于这个问题的全部信息都只能从主体视角——人或生物体的第一人称视角——才可获得。这意味着意识的第二个令人困惑的特征：意识存在的地方必须存在一个有意识的自我，这个自我能够获得一些信息，这些信息与"自我是什么样子"有关。意识的第三个令人困惑的特征是哲学家们所谓的意识经验的"不可言说性"（ineffability）。信息如果不能用语言传递，它就是不可言说的。我们通常可以用语言准确地表达我们所相信的东西：如果我相信《大人物拿破仑》①是一部好电影，那么我可以用这些词表达这个信念。然而，要向某个没有经历过某

---

① 《大人物拿破仑》（*Napoleon Dynamite*）是2004年上映的一部美国喜剧电影。——译者注

事的人准确表达经历那件事是什么感觉,这看起来不太可能。比如,我们要怎么向一个盲人表明用眼睛看见红色是怎样的感觉?意识的第四个令人困惑的特征与人们显然根深蒂固的观点有关——人们对于成为他们那样的人是怎样的感觉有着根深蒂固的观点。根据对意识的常识理解,人们对于他们正在有意识去经历的东西是什么这个问题不可能犯错。

这四个特征是丹尼特所谓的意识的"笛卡尔剧场"模型中最为核心的内容。根据这个模型,心灵或大脑中存在一个场所,已经在初次加工中得到快速无意识处理的信息在这个场所中再一次呈现于意识面前。这个"场所"就像一个剧场或电视屏幕,在这里,意识信息呈现给自我去分析研究。只有自我能获得这些信息(外部观察者看不到),自我对于在笛卡尔剧场上呈现的东西不会犯错。最后,这些信息无法用语言表达,它们只有从第一人称视角才能被完全理解。

意识的笛卡尔剧场模型明确地排除了对意识进行科学研究的可能性。意识不仅本质上具有内格尔意义上的主体性,它还预设了一个小人(homurculus)!在丹尼特看来,大脑中不存在这样一个信息汇集并接受自我审视的场所。而且,大脑中不存在"自我"。[1] 即使存在,我们也不能根据这样一个事件,即某人的"自我"意识到笛卡尔剧场中的信息,去解释意识是什么,因为这会导致我在第一章里探讨过的小人的"无穷回退"(infinite regress)。"自我"的意识不得不依据"自我"的"自我"的意识来解释,以此类推。丹尼特主张,如果我们在任何情况下都打算慎重地选择科学形象,那么我们必须放弃意识的笛卡尔剧场模型。

丹尼特提出了意识的笛卡尔剧场模型的替代物,这是一个易于进行科学处理的模型,他最初称其为"多重草稿模型"(Multiple Drafts Model,CE, p. 17),不过最近他又改称为"脑中名人"(fame in the brain)模型(SD, p. 136)。他还提出了研究人类意识的第三人称科学方法,也就是"异现象学"(heterophenomenology)(CE, p. 72)。这种方法基本上就是将意向立场应用于主体关于他们意识状态的话语之上。

在本章中，我先讨论哲学家沉迷于意识的笛卡尔剧场模型的一些原因，然后我解释丹尼特的替代模型：首先，我讨论他的意识研究的第三人称方法——异现象学；其次，我对"脑中名人"模型进行简单阐述，在此过程中我解释他放弃笛卡尔剧场模型的几个主要原因，并回顾他对哲学家们所提出的支持笛卡尔剧场模型的一个关键理由做出的回应。

笛卡尔剧场

大脑中存在一个场所，最初被无意识加工处理的信息在这个场所中再次呈现，它呈现的方式是外部观察者不可理解的（即，主体性的），并且是不能被完全表达的（即，不可言说的），自我拥有获得这些信息的特许路径。这样一个模型为什么如此令人着迷？在第一章中，我们探讨了一些原因。事物呈现的方式与存在的方式极为不同。水可以看似发生了温度变化，尽管它实际上并没有。建筑物看似缩小了，尽管它们实际上没有缩小。因此，设想一个表象所在的场所，也就是意识或一些人所说的"现象空间"所在的场所，这个做法是很有吸引力。虽然这种设想很有吸引力，但它依赖于隐晦且通常无法证实的假设。它假定，既然事物呈现的方式与存在的方式不同，那么在真实时空中的事物之外，必定存在现象时空中的表象。而且，大部分对此推断着迷的哲学家都假定，人对现象时空中的表象比对真实时空中的事物要熟悉得多。之所以出现这种情况，是由于我们总是常识性地认为，人对事物呈现方式的认识是确切无疑的：你可能会在是否真的有人在敲门这件事情上犯错，但你一般不会在你觉得是否有人在敲门这件事情上犯错。因此，沿着这条思路思考下去，你必定对于敲门的表象发生于其中的现象时空具有熟悉且确切无疑的认识。

20 世纪的哲学界流行一种颇具影响力的理论思潮，它明确拒斥上述观点,丹尼特就是该理论阵营中的一员。[2]不过有别于该阵营的早期代表,丹尼特立足于我们对神经系统的认识来批评上述观点并提出替代性主张。鉴于那个设想出来的表象所在的现象时空与真实时空非常不同,并且人具有通达表象所在的现象时空的熟悉路径,那么,推断表象所在的现象时空存在于人的心灵之中,就显得合情合理了。但是,如果我们认定科学是正确的,人的全部行为都由神经系统引起,那么心灵必须以某种方式由神经系统的活动产生。因此,现象时空与它所包含的表象都必须以某种方式存在于神经系统的活动中。但正如我们在第一章所见,丹尼特反复强调,没有任何神经系统的特性适合"容纳"现象时空。当然,哲学家们列举了进一步的理由以支持现象时空,也就是笛卡尔剧场存在的必然性。[3]

捍卫笛卡尔剧场,以及更宽泛地说,捍卫表象世界实在论的哲学家们往往诉诸某些强烈的直觉。[4]正如我们看到的,内格尔(Nagel,1974)诉诸的直觉是,即使再多关于蝙蝠神经系统的信息也不能揭示成为一只蝙蝠是什么样子。另一种常见的直觉(Chalmers,1996,p. 94)诉诸以下可能性。设想一个个体,它在任何可以进行科学观测的方面都与你一致。该实体拥有与你一样的物理特性:同样的体重、同样的身高、同样的细胞数量和细胞组织以及同样的大脑、同样的神经激活状态,等等。为此,该实体的行为与你的行为一般无异。你咳嗽,它也咳嗽;你叹气,它也叹气……根据许多哲学家的直觉,尽管存在这些相似性,但很可能这个个体还是与你不同,它没有意识。哲学上有专门的术语描述这种物理复制品——僵尸(zombie)。僵尸是有意识的人的复制品,但它本身没有意识。请记住,哲学上的僵尸与电影里描写的僵尸有所不同,这一点很重要。电影里的僵尸不是哲学上的僵尸,因为它们不是有意识的人的物理复制品:它们的物理行为,例如走路的姿态,都与正常有意识的人明显不同。但哲学上的僵尸被假设为有意识的人的完美物理复制品,只是它没有意识。[5]

哲学家们创造了一个专业术语"感受性"（qualia）来描述那个我们具有而僵尸复制品缺乏的特性。感受性被认为是经验的固有特性。固有特性是对象或状态所拥有的、不依赖于对象或状态与其他对象或状态之间的关系——比如说，原因、结果或倾向性——的特性（SD，pp. 78 - 79，177）。僵尸复制品的经验与我们的经验拥有同样的原因、结果和倾向性；这正是它们的行为与我们完全一致的原因。当苹果表面反射的光线刺激了你和你的复制人的视网膜时，你们的大脑进入完全相同的状态，触发了完全相同的活动，并引起了完全相同的反应，比如说，拿起苹果咬了一口。因此，我们与僵尸复制人之间的差别，也就是我们拥有而僵尸缺乏的东西，一定是经验的固有特性，即感受性。鉴于这种差别存在于这样一个事实中，那就是我们拥有对表象的意识而僵尸没有，因此，一些哲学家得出结论说，意识中呈现的表象，即红色看起来的感觉、玫瑰花闻起来的感觉以及巧克力吃起来的感觉等，都是感受性，也就是经验的固有特性。

于是，基于哲学上的僵尸确实可能存在这样一种直觉，我们可以重建以下论证来支持笛卡尔剧场的存在。一个人与他的僵尸复制人在所有的物理方面，包括神经生理方面都是相同的，但是人有意识，而僵尸复制人没有。所以，人的意识并不存在于任何物理或神经特性中。它一定存在于经验的某种固有的、非物理的特性中，或者说，存在于感受性中。因此，任何关于大脑的描述如果与我们对感受性或表象的直觉认识有所冲突，这些描述都是不适宜的。结论就是，对所有的科学来说，感受性或表象存在，并且就是我们认为它所是的东西。感受性或表象出现在笛卡尔剧场的舞台上，并接受自我的审视，而科学不能提供任何证据证明这不是事实。

还有另外一种比较有影响的捍卫笛卡尔剧场的理论。在一些哲学家看来，要说明科学对表象世界没有发言权，我们不需要依靠僵尸可能存在这样的空洞直觉。我们可以用下面的思想实验来代替（Jackson，

1982）。假设玛丽是一位未来的神经科学家。玛丽是认知神经科学界的"爱因斯坦"：她知道有关人类神经系统及其工作方式的全部事实。她如此优秀，能够根据人们的感官感觉到的任何刺激——无论是文森特·凡·高的画作反射出来的光线，还是梅鹿辄葡萄酒散发的清香，抑或是弗拉基米尔·霍洛维茨（Vladimir Horwitz）弹奏肖邦作品时的乐曲声①，以及《战争与和平》中的文字，等等——准确预测他们的大脑将会进入哪种状态。此外，她还能准确预测这种状态将会对人的大脑和行为产生什么影响。因此，如果她观察到露茜目前的大脑状态，她可以预测当露茜的视网膜受到凡·高自画像反射出的光线刺激时，她会边后退边嘀咕："真古怪！"最不可思议的是，玛丽是在没有色彩的环境中获得关于大脑的这些来之不易的信息的，这可能是因为她被锁在一间只有黑白色物体的房间里，[6]也可能是因为她的色彩识别系统有缺陷。这种可能性引出了下面的问题：玛丽知道看见红色（或其他颜色）是什么感觉吗？或者换个说法，假如我们将玛丽从黑白环境中释放出来，她第一次看见色彩，她会学到新东西吗？她会感到惊讶吗？

如果你像多数人一样，认为玛丽学到了新东西，那么科学告诉我们的神经科学知识就不适用于评价意识的笛卡尔剧场模型。这是因为，在我们的假设中，玛丽从黑白环境中释放出来之前就已经知道神经系统的所有科学知识。然而，在她被释放出来之后，她学到了新东西，也就是看到各种颜色的感觉。因此，看到颜色的感觉已经超越了有关神经系统的科学知识。表象世界，或者哲学家们所说的感受性，已经超出了科学的范围。如果直觉告诉我们，感受性出现在笛卡尔剧场的舞台上接受自我的审视，那么没有任何神经系统的科学知识能够对这个模型构成威胁。

---

① 文森特·凡·高（1853—1890），荷兰后印象派画家；梅鹿辄，产自法国的一种红葡萄酒；弗拉基米尔·霍洛维茨（1903—1989），美籍俄罗斯人，世界著名钢琴家。——译者注

在为意识的科学研究提供另一种替代性方法，并构建自己的意识模型的过程中，丹尼特对上述论证进行了回应。接下来，我将主要解释丹尼特的方法论和意识模型。在本章结尾处以及第四章中，我将回顾丹尼特对笛卡尔剧场支持论的回应。

异现象学

正如我们所看到的，对意识进行科学研究的主要障碍之一就是意识被断定具有私人性或主体性。意识信息、感受性或事物呈现的方式，都被认为只对意识主体可见。如果科学无法以客观的第三人称术语去表征那些它必须解释的意识信息，意识的科学研究要如何开展（SD, p. 148）？

许多哲学家认为，获得意识信息的唯一方式就是通过主体对她自身意识状态的内省。[7]一些人（Husserl, 1982）主张，可以发展一种严格的、基于内省的方法论研究意识。胡塞尔（Edmund Husserl）称这种方法论为"现象学"（phenomenology），也就是对现象（phenomena）的研究，在他看来，对现象的研究就是对表象世界的研究。胡塞尔的目标是要悬搁或忽略我们关于真实世界的知识，以便发现表象世界的真理。

丹尼特主张，现象学并不是研究意识的好方法（CE, pp. 66 - 68）。主要原因在于，人们对他们内省内容的判断不受约束条件的限制。众所周知，人往往会表现出心理学家所谓的"证实偏见"（confirmation bias, Wason, 1960）。我们往往会挑出或发现证明我们理论和期望的证据，同时忽略反面证据。科学通过要求证据的主体间可检验性来避免这种倾向。如果你声称有证据证明你的某个理论，那该证据必须是我及其他人也能获得的，这样才能通过检验相同的证据，比如重复某个实验，来证明你的理论。因此，现象学不足以作为科学方法论：主体内省的东西往往就是他们在其理论导引下所期望的东西。[8]

现象学的这个问题带来了一个难题：要么我们忽略意识的一个中心特征，也就是主体获知事物呈现方式的特殊途径，要么我们放弃对意识进行科学研究的梦想。丹尼特最重要的贡献之一就是提出了一种能够避免上述难题的意识研究方法。他称该方法为"异现象学"（heterophenomenology）。前缀"异"（hetero）的意思是"另外的"。他提出了一种从别的方面或用另外的方式使用现象学的方法，一种从外部研究主体表象世界的方法，目的是要找到从第三人称视角描述主体表象世界的方法。这将构成意识信息的公开可至的规范，任何意识理论都可以参照这些规范进行评估。如果异现象学方法有效，那么我们的意识理论就受到了公开证实性的制约，这样一来，意识的科学研究才有可能性。

异现象学方法如何才能起效？当意识主体谈论事物如何出现在他们面前时，我们先假定他们是有发言权的。正如我们在前两章所说的，自然语言中的话语是具有意向性的事件：它们以特定的方式代表或表征事物。丹尼特根据意向立场理解意向性，这样他就拥有了一种明确的方法，能够将主体口中发出的声音解释为自然语言的话语，这些话语就成为具有意向性的事件：我们必须把话语当作对信念的表达，信念与其他意向状态相结合构成的系统则使得主体的全部行为具有意义，也就是使主体的全部行为具有合理性。设想一个小孩子，他说"圣诞老人今晚要来"。正如我们在第二章所述，要使这种言语行为以及相关的非言语行为具有意义，唯一的方式就是假定小孩子正在表达圣诞老人今晚要来的信念。这个信念当然是错误的，因为圣诞老人并不存在，但这不重要。有时候，为了使主体的行为具有合理性，我们不得不将关于不存在物的信念归属于他。回想我们在第二章提到的，这种解释方法建构了一个主体的概念世界，这是主体居于其中的主观世界，由各种概念对象构成，这些概念对象有些能、有些则不能对应于真实对象。异现象学就是这种方法的应用，用于解释主体关于他们自己的意识状态，以及他们关于表象世界的话语。

在丹尼特看来，当我们询问一个主体事物如何出现在他们面前时，他们的回答使我们能够构建出主体的"异现象学世界"（heterophenomenological world）（CE，p. 81）。主体的异现象学世界是他们概念世界的一部分：后者由主体认为存在的全部对象以及主体认为真实的全部事件组成；前者由主体认为存在于他的意识心灵中的全部对象以及他认为在他的意识心灵中真实存在的全部事件组成。构建主体的异现象学世界与构建他的概念世界的其他部分有所不同。在后一种情况下，我们对主体思维和语言的解释只受合理性假设限制：我们归属那些信念以使主体的全部行为具有合理性，无论主体是否意识到这些信念。例如，即使主体否认他们相信自己的母亲想要伤害他们，如果归属这样的信念能使他们的大部分行为——比如看到母亲走过来就不由自主地发抖——具有意义，那么我们必须假定，在主体的概念世界里，他们的母亲想要伤害他们。然而，在构建主体的异现象学世界时，我们的解释还必须受到进一步的限制：由于我们的目的是要公正地评判主体获得意识经验的所谓特许路径，解释还必须受到一个假设的限制，那就是主体对于事情如何在他们那里出现具有权威性。⁹相应地，在上述例子中，在主体的异现象学世界里，他们的母亲并不想伤害他们。这是因为主体否认他们的母亲想要伤害他们。

丹尼特认为，构建主体的异现象学世界更像是构建一部小说的虚构世界。在后一种情况下，我们把作者的话语当作权威：如果约翰·托尔金（John Tolkien）①笔下的霍比特人有毛茸茸的脚，那么在"中土"（Middle Earth）这个《霍比特人》和《指环王》的虚构世界里，霍比特人有毛茸茸的脚自然就是真实的。与之类似，在前一种情况下，我们把

---

① 约翰·托尔金（1892—1973），英国作家、诗人，《霍比特人》和《指环王》都是他创作的小说。——译者注

主体的话语当作权威：如果主体说他们视野中心的视力与视野边缘的视力一样敏锐，那么在主体的异现象学世界里，这自然就是真实的（SD, p. 41）。

至于这些事件在主体的神经系统这个真实世界里是否是真实的，异现象学对此保持中立。这是有待科学去发现的东西。在这里，我们所感兴趣的只是通过意识科学以第三人称方式说明需要解释的意识信息。在丹尼特看来，进行这项工作的方法就是将主体的话语当作权威，进而去解释这些话语，好像它们表达了关于主体心灵的事实。这使我们能构建主体的异现象学世界。

我们需要指出的异现象学方法的第一项重要特征是，它完全是第三人称的，或者说客观的。它内嵌于主体的话语中，这是某种主体间可证实的东西。我们只需对主体的话语进行文字记录（transcript），这些文本就可以作为权威的来源，主体的异现象学世界正是在此来源的基础上构建而成，就像托尔金的小说即是权威来源，中土在此基础上构建而成。当然，无论是对主体关于自身意识状态的话语进行解释，还是对虚构之物进行解释，出现错误或不同意见在所难免。但这并不足以否认它是一种第三人称的客观方法：在物理科学中，对实验和测量结果的解释同样会出现错误或不同意见。记者和法庭速记员对主体的话语做出常规性解释，他们的解释与主体所述惊人的一致。因此，主体所述内容的文字记录就可以作为解释的限制条件。语境因素，像主体在哪儿、什么时候说出话语，他们与谁谈话，他们的意向、历史等，都关系着我们是否能够从意向立场达到对主体话语的最佳解释。这是个艰难的过程，充满大量潜在的、需要避开的陷阱。然而，它具有完全的主体间性：我们之所以选择某个文字记录的解释而不选另一种，其中涉及的因素可以被所有的研究者觉察到，研究者们可以在逻辑辩论中利用这些因素，并最终达到某种大家一致认可的解释。

我们需要指出的异现象学方法的第二项重要特征是，它在形而上学方面是极简且中立的（CE, p. 95）。它在形而上学方面的极简性与意向立场在形而上学方面的极简性方式相同：它不对何物真正存在做任何强假设。异现象学方法只假定主体的话语可以被解释，好像它们是关于一个具有特定属性的表象世界。对于该表象世界是否真正存在，它不做任何假设。以这种方式产生的异现象学世界仅仅是个虚设的世界。异现象学的形而上学中立性就在于此。它对主体所说的实体和事件具有的真正形而上学地位不做表态。

为了形象地说明这一点，丹尼特将它与人类学进行了有益的类比（CE, pp. 82 – 85）。人类学家在调查研究某个部落的神话时，必须对部落成员认为存在的那个世界做出准确建构。为此，他们必须把当地人对神话世界的描述当作权威：神话世界就是他们所说的那样。但人类学家无须认可当地人的说法。是否存在合理的理由去相信神话世界与现实世界相对应，这是另一个问题。但在这个问题提出之前，人类学家必须构建清晰的描述以刻画神话世界被认为的样子。他们做这件事的时候，必须把当地人当作权威，同时对他们所说的事情保持中立。异现象学就是对人类学方法的运用，用于解释主体关于他们自己意识心灵的话语。

异现象学的中立性还有更为具体的表现。在上文中我们看到，之所以接受有意识的心灵的笛卡尔剧场模型，一个主要的哲学缘由就是哲学意义上的僵尸存在的可能性。意识被认为独立于任何神经系统的科学发现，因为一个没有意识的实体在物理上与一个有意识的人完全相同，这是可能的。异现象学对这是否真的可能保持中立，对一个现实的个体是不是僵尸这个问题也保持中立。这是因为，从异现象学角度看，有意识的人和他们的僵尸复制人之间没有差别。异现象学世界在人的言语行为基础上产生。既然言语行为是物理的，有意识的人所做出的言语行为僵尸复制人也能做出。这样一来，有意识的人与僵尸复制人生成的文字记录完全一样，于是，二者产生的异现象学世界也完全一致。鉴于此，异现象学对一个既定主体是否是僵尸，僵尸是否真的可能存在都是中立的（CE, p. 95）。

从前面的叙述中可以清楚地看出，丹尼特如何避免意识科学所面临的上述两难处境。科学的主体间性方法如何对我们认为主体在其意识经验方面所具有的权威性做出公正的评判？通过使用异现象学方法。这种方法假定主体对其意识经验具有权威性。因此，它对第一人称路径，也就是在常识中我们认为主体具有的获得自身意识经验的路径，做出了公正的评判。主体关于他们意识经验的任何所述在他们的异现象学世界里都必须是真实的。这其中就包括上文指出的意识这个常识概念的一些颇具争议的特性。如果主体说他的意识经验不可言说，那么在其异现象学世界里，这就是真实的，接下来，意识科学必须以这种或那种方式解释这个意识信息。对于下列主张——意识需要一个统一的自我作为表象的观察者，就像观看舞台演出那样——也是如此。如果主体相信他们的经验是这样产生的，异现象学就给予它公正的评判。异现象学有责任说明为什么主体这样相信。然而，它的形而上学中立性使得科学家能够探讨这些信念的各种解释理论：尽管主体在关于意识心灵的信念方面具有权威性，但意识心灵实际上是怎样的，主体在这方面并不具有权威性；这个问题需要通过科学的方法进行主体间的证实。

鉴于此，异现象学方法避免了传统现象学方法的问题：无论对意识信息的说明还是意识理论的建构，它都设定了主体间性的约束条件。主体的异现象学世界必须内嵌在对主体话语的公开文字记录所做的解释之中。而且，主体的异现象学世界里的存在物是否对应于任何神经系统中的真实存在物，学者们对这个问题必须保持中立。有意识的心灵中正在发生什么，主体在这方面并不具有特权地位。正如部落成员可能会错误地认为雨神存在，主体对他们的表象世界也可能会犯错。应当由受主体间性制约的科学来提出异现象学信息的最佳理论解释。

脑中名人

在丹尼特看来，主体异现象学世界的许多重要特征都不存在。主体关于事物如何呈现的所述形成了文字记录，当我们根据这些文字记录构建异现象学世界时，这个世界看起来像极了笛卡尔剧场。[10]看似存在一个单一而统一的自我，他根据表象做出决定，自我对表象的感觉不会出错，其他人也不能获得这些表象，表象不可言说。然而，仅仅因为这是许多主体所相信的他们心灵的工作机制，不足以使它成为事实。就像某些亚马孙部落成员可能诚挚地信奉雨神那样，主体也诚挚地相信他们的心灵是笛卡尔剧场。

正如我们所见，如果控制行为的是心灵，那心灵就是神经系统中的组织模式，但神经系统并不包含任何中心系统——能够特许获得不可言说的表象，并在此基础上决定下一步行动的中心系统。相反，神经系统最好被看作许多在同一时间并行工作的计算体的复杂集合。这些计算体中没有哪个能够了解整个系统的工作，每个计算体都只有有限的方法了解其他计算体的任务。神经系统更像一个社会体（*social entity*），比如一个城市。纽约这座城市的商业链每天如何运转呢？不存在能够面面俱到的权力中心。城市的运转依靠成千上万的生产商、供给商、零售商和消费者之间大量同时进行的小规模相互作用，他们当中谁也无法了解其他大部分人的工作。

如果这就是主体心灵的实际所是，那么为什么异现象学会产生笛卡尔剧场幻觉？为什么人们认为他们的心灵由统一的自我构成——自我依据特许获得的不可言说的表象做出决定？这些幻觉如何从实际构成心灵的并行处理过程中产生？丹尼特的理论必须回答这些问题：即使大部分异现象学信息都被认为是幻觉，它也必须对这些信息做出解释。这是丹尼特理论的中心任务，我将在第四章详细阐述他对这些问题的回答。这里我仅做一些概述。

在丹尼特看来，心脑中心执行者幻觉大致以如下方式产生。你在处理日常工作时，大脑的绝大部分活动你是注意不到的。想象一下驾驶"自动导航"汽车的过程。如果你每天走同一条路上班，那么大脑控制驾驶行为时所处理的绝大部分信息你是注意不到的：你不会注意到路边的大楼有个门重新粉刷过，你也不会注意到十字路口的地面上有个新的坑，等等。然而，如果有人这时恰好探查（probe）了你的大脑，比如有人提醒你注意坑洼，那么这个信息就会进入你的意识心灵。丹尼特认为，这其实意味着探查促成了连续的脑活动，这些脑活动使一些通常会被忽略掉的神经计算体产生了最大影响（disproportionate influence）。大部分神经计算体的活动会很快消失，对整个系统（也就是人）的行为不会产生深远影响，而一些计算体的活动会被放大，并对记忆、语言和行为产生了长久的影响。哪些计算体的活动会被放大，并对整个系统产生长久而持续的影响，这在很大程度上是随环境变化而变化的：它取决于神经系统在何时以何种方式被探查。

激起探查并扩大影响的常用工具是语言。不只其他人可以通过提醒你做某事来引起你头脑中的放大现象，你也经常通过自言自语的方式来引起这类放大。此种语言性自我探查（verbal self-probing）创造出一条意识流，也就是计算体的一个序列，其中计算体的活动被放大，进而对记忆、进一步的语言和行为产生长久影响。尽管这一序列实际上是不同计算体的杂乱混合，但它好像就只是一个行动者，即自我的活动，自我掌控着整个行动。笛卡尔剧场幻觉就是这样产生的。

我在第四章会对丹尼特的观点做进一步阐述。不过，有一点已经很明显了，那就是他为什么将上述模型称为"脑中名人"模型。意识流是神经计算体序列，该序列恰巧成了大脑中的名人，即，对大脑的未来行动产生了最大影响。哪些计算体进入这种状态在很大程度上是偶然的，或者说取决于不同的背景因素，比如，哪些其他计算体之前处于这种状态，整个系统也就是人所处的环境等。

我们可以设想一个社会政治学隐喻来帮助理解丹尼特的主张。想想美国历史上的历届政府。很容易产生这样一种幻觉，即，从一开始，实质上就是由同一个政党在执政。[11]不过我们也可以用其他方式看待这段历史。每届政府都是由在全国范围内同时开展的大量政治活动所产生的：各种政治联盟形成、彼此竞争或合作等。此外，还存在不可预知的背景因素，比如世界上其他地方发生的事件。这些并行过程的复杂混乱状态每四年被一种探查——全国大选——打破一次，结果是一个政治联盟在国内的影响力被提升到最大，尽管是暂时的。提升了影响力的政治联盟就成了背景因素之一，制约着下一次探查中哪个联盟的影响力的提升，当然还存在许多其他背景因素，没有哪个特殊联盟能保证一直执政下去。像历史学家回顾过去那样，我们能够发现，恰巧成为国家管理者的政治联盟构成的序列具有一种特定模式。并且从这个角度看，该序列的构成者貌似具有很多共同点，就好像一直是一个联盟在掌权。然而这种秩序性和连续性都是幻觉，它从幕后的混乱中产生，塑造了民主过程的特征。[12]

在丹尼特看来，大脑也具有类似的情况。大脑中恰巧暂时具有影响力的神经计算体引起的探查，以及由外部环境引起的探查，导致其他计算体的活动被放大，进而对整个系统的未来行动产生了最大影响。细细回想，这个暂时提升了影响力的序列看似具有某种秩序——好像一直都只有一个行动者在操控。但这是幻觉。

丹尼特的核心思想是，意识不是大脑中的某个场所，也不是表征的特殊媒介——以至于信息一旦进入这个"魔法圈"就保证变成有意识的，而在信息进入之前，信息必定是无意识的。这种思维方式是笛卡尔剧场模型的典范。根据丹尼特的模型，大脑中被同一个计算体在同一个"场所"处理的同一个信息，此时可能是有意识的，彼时则是无意识的，这取决于大脑如何被人所处的环境所探查。

在丹尼特看来，大脑中存在意识的"魔法圈"，这种观念产生于他的老师吉尔伯特·赖尔（Gilbert Ryle）所谓的"范畴错误"（category-mistake）（Ryle，1949，p. 17）：一个适用于宏观领域，描述人与环境之关系的范畴，被错用于描述个人大脑事件的微观领域（CE, pp. 107 - 108）。尤其是，已观察到的事件和尚未观察到的事件之间的区别，用在整体的人这个尺度上才有意义，却被用在了个体大脑内部的事件上。丹尼特认为，用这些范畴描述个人大脑内部的事件是毫无意义的，因为它们暗含了一个有智力、有意识的小人存在：一个大脑内部的观察者，它关系着哪些事件是已观察到的，哪些是尚未观察到的。

相比之下，如果丹尼特的"脑中名人"意识模型正确，那么信息是否进入意识的魔法圈这个问题就没有统一的答案了。大脑中各种连续活跃的并行过程所处理的所有信息都是潜在的、有意识的；它完全取决于大脑在何时如何被探查，比如，经验主体在什么环境下被要求去做什么或说什么。在某个环境中，某种探查可能会促成一系列大脑活动，这些活动令大脑某个区域正在处理的信息增强，并将其提升到具有最大影响力的地位。在另一个环境中，相同的探查可能不会产生这种影响，不同的探查可能会将不同信息处理过程提升到具有影响力的地位。而且，意识具有不同的程度：信息在这种程度上是有意识的，即它对大脑中的处理过程，以及随后的可见行为有持续影响。因此，没有什么是绝对有意识或绝对无意识的；相反，相应于信息处理过程对整个大脑活动和随后的行为产生影响的程度不同，存在不同程度的意识（SD, pp. 170 - 171）。

最重要的一种影响就是言语行为的控制，因为主体听得到自己的话语，所以这种影响反馈给大脑，更增强了它的影响。[13]这解释了为什么丹尼特认为异现象学方法捕捉到了所有需要意识理论解释的信息。异现象学内嵌于主体关于事物呈现方式的言语报告中。在这方面，它为研究人员打开了一扇窗，透过这扇窗学者们可以了解哪些信息处理过程在特定背景下被提升到了具有影响力的地位，根据主体听到自己话语时的反馈效应，哪些信息处理进程未来可能得到推进。

异现象学方法假定，主体认为他们心灵中发生了什么就是什么，他们自己是权威，异现象学方法在此基础上构建了一个假想世界。起初，这个世界必须是假想的，因为要给予主体不可挑战的权威——关于他们的心灵中实际发生了什么——就要放弃科学以及科学的主体间可证实性原则。如果我们观察一下大脑实际上如何处理信息，我们会发现，许多主体认为在他们心灵中发生的事实际上并没有发生。我们唯一的选择就是解释为什么他们认为心灵是一个笛卡尔剧场。一旦这个目标实现，解释工作就结束了：我们已经解释了他们如此判断意识心灵的前因后果。

许多丹尼特的反对者对此并不满意。在他们看来，丹尼特的理论遗漏了最重要的一个部分：这些判断所关涉之物，也就是感受性，或者说经验的固有特征。他们诉诸一种常识性差别：人们对事物如何呈现与事物事实上如何呈现的判断或报告是有差别的。当你判断水变热的时候，有两件事无疑在你心里发生了：水变热的判断和水变热的表象。异现象学只依据主体的第一人称表述捕捉到了神经过程的结果。感受性被认为是这些判断所关涉的神经过程的固有特性；因此，它们的存在不依赖于任何神经过程的结果。于是，它们不能被异现象学方法捕捉到。丹尼特对人类大脑的看法在僵尸那里也成立：以语言为媒介的自我探查可使某些神经过程对后续神经活动和行为的影响得到增强并提升至最大，僵尸与人类一样。但即便沿着反对意见的思路，僵尸仍然是无意识的，因为它们的神经过程没有感受性。

在这个问题上，争论已趋于白热化。丹尼特放弃了争论：他声称，如此构想出来的感受性根本不存在（Dennett 1988；SD, p. 101）。这些所谓的神经状态的固有特性没有任何科学意义，与人对自己意识状态的判断毫无关系![14]既然感受性没有任何科学意义，它就应该被奥卡姆剃刀——如无必要，勿给科学理论增加实体的方法论原则——剔除掉（CE，p. 134）。剔除感受性之后，有意识的人与他们的僵尸复制人之间的差别就不复存在了：在丹尼特看来，无论表面上看如何，或者我们都是僵尸，或者僵尸根本不存在（CE, pp. 405–406；SD, p. 150）。丹尼特的反对者们对他的观点提出质疑，正如他也质疑他们的观点一样：对反对者来说，感受性的存在是不可否认的，丹尼特的主张导致一个荒谬的结论，即我们实际上都是僵尸，成为我们这样的人没什么特别之处。

未尽事宜

我们已经看到，丹尼特的理论如何包容那些主张笛卡尔剧场模型的直觉，又如何在拒斥笛卡尔剧场模型的同时支持一种更有科学见地的意识理论。笛卡尔剧场里有个观众，也就是有意识的自我，这是个幻觉。实际上，构成自我的"意识流"只是神经计算体的混杂序列，它们出于各种可能的原因，恰巧对神经系统以及人的可见行为，尤其是语言产生了暂时却最大的影响。主体对他们的意识状态具有第一人称权威性，这是异现象学方法——解释意识信息的第三人称方法——的核心假设，丹尼特通过接受这样的假设将主体的权威性囊括进来。主体对他们的意识经验做出的任何判断在丹尼特所谓的主体的"异现象学世界"这个假想世界里都是真实的，异现象学世界就是主体认为自己的意识心灵所是的样子。然而，我们不能保证主体的意识心灵事实上就是这样；如果要以科学的方式研究意识，任何意识理论，包括主体自己的意识理论，都必须成为公开可证实的。

在主体的异现象学世界中，与大脑的科学发现不相符合的东西都必须得到解释：为什么大脑制造了这种强烈的幻觉？我们已经讨论了丹尼特对自我幻觉的解释，以及他对主体权威性的包容。但其他特征还未得到解释。为什么意识经验难以用语言表达，也就是说，为什么它看似是不可言说的？对色盲神经科学家玛丽这类思想实验，我们能说什么呢？我们的直觉——意识是自然界某种特殊而稀有的东西——要怎么解释？鉴于可能有很长一段时间不存在任何有意识的东西，意识现象是如何演化出来的？最后，考虑到言语行为在丹尼特理论中的重要作用，他的理论如何容纳非人（non-human）的意识？第四章将努力回答这些问题。

第四章 乔伊斯机器

导　语

在丹尼特看来，有意识的自我是种幻觉。大脑并非是由全能的中心执行者控制的机构，而是特定神经计算体的混杂集合，每个计算体都只能获取有限的信息，并完成有限的任务。有意识的心灵由计算体的（联合）序列构成，某些有吸引力的刺激物，比如言语性自我刺激，会增强计算体的活动，并将它们对全部脑活动和行为的影响提升至最大。丹尼特以开创了意识流小说的作家詹姆斯·乔伊斯（James Joyce）的名字将这个序列命名为"乔伊斯机器"（Joycean machine）（CE, p. 214）。大脑中存在一个意识自我，它先处理这个信息，再处理那个信息，这种幻觉就是由乔伊斯机器产生的。

丹尼特借助计算机隐喻理解乔伊斯机器：它是在大脑硬件上运行的虚拟机（virtual machine）。虚拟机是在真正的计算机上模拟出来的机器，很像虚拟现实（virtual reality）。任何通用计算机，比如标准台式机，都可以运行多个虚拟机。通用计算机具有相同的结构："冯·诺伊曼架构"

（von Neumann Architecture），它是由约翰·冯·诺伊曼（John von Neumann）在20世纪50年代设计的。该架构包括一个大容量、高度可靠的存储器用于存储数据（标准计算机的硬盘驱动），以及一个功能有限的工作区（标准计算机的随机存取器），中央处理器（标准计算机的CPU）在这个工作区对存储器输入的信息进行几次简单的加工处理。¹ 冯·诺伊曼架构的提出受到了图灵机（Turing Machine）的启发，图灵机是阿兰·图灵（Alan Turing）① 发明的抽象数学模型，其模拟的机制能够解决任何可以通过一系列简单步骤，或者说一种算法（*algorithm*）² 得到解决的问题。这就是冯·诺伊曼机能够运行不同虚拟机的原因：每个虚拟机都是一组算法可解的问题，因为冯·诺伊曼机依据的是图灵机原理，它能够解决这些问题。台式机可以模拟文字处理、电子表格、象棋和其他各种游戏，因为它们是冯·诺伊曼机。你电脑运行的所有软件都是虚拟机，它们通过"告知"电脑必须要遵循的一系列步骤来运行算法，而算法是虚拟机的规定。

因为冯·诺伊曼机具有兼容性，它可以运行各种各样的虚拟机。实际上，它们甚至可以运行结构与冯·诺伊曼机非常不同的虚拟机。例如，它们可以模拟大脑的联结主义模型（Rumelhart *et al.*，1986）。这种模型像大脑一样以并行方式处理大量信息。并行处理计算机并不是一个中央处理单元——存储器中的信息被提交到那里并进行一连串简单处理——而是像大脑及联结主义模型那样，它由大量同时处理不同信息的处理器组成。不过冯·诺伊曼机可以模拟这种并行计算机：它们获取在并行计算机中被不同处理器同时处理的所有信息，然后以单一序列快速处理这些信息。这样，冯·诺伊曼机就可以运行一种并行虚拟机了。

丹尼特的理论是，人的意识产生于大脑发生相反的情况时：大脑的

---

① 阿兰·图灵（1912—1954），英国数学家、逻辑学家，被称为计算机科学之父和人工智能之父。——译者注

大量并行硬件在运行虚拟的冯·诺伊曼机。在大脑中,成千上万个功能有限的计算体并行处理信息。但意识像是一台串行冯·诺伊曼机:[3]在意识流中,自我看似在一个时刻只思考一个问题。人脑的大型并行架构以某种方式成功模拟了冯·诺伊曼机:意识流只不过是运行在人脑上的虚拟乔伊斯机器。大脑如何完成这项工作?通过采用我在第三章谈到的言语性自我刺激,也就是自言自语。语言是串行媒介:你可以在一个时间只谈一件事情。当某人自言自语时,他把串行规则强加于大脑的并行架构上。这个虚拟乔伊斯机器是用户的幻觉,它掩藏了大脑的真正工作,就像台式机标准软件的用户界面掩藏了发生在计算机硬件中的复杂操作一样(CE, pp. 214–218)。

这就是丹尼特意识心灵的基本模型,这个模型引发了各种问题。第一,能够运行虚拟乔伊斯机器的大脑是如何演化而成的?第二,如果人的意识只是运行在大脑上的乔伊斯机器,为什么它看起来如此特殊?别忘了,台式机是冯·诺伊曼机,但它们没有意识。第三,如果有意识的自我只是幻觉,那事情怎么会有轻重缓急之分?事物的价值如何产生?第四,第三章中那些悬而未决的问题怎么办?为什么意识经验是不可言说的?为什么玛丽离开黑白房间后看起来学到了新的东西?不能使用人类语言的人和动物可能具有什么样的意识?本章将探讨丹尼特对这些问题的回答。

乔伊斯机器的演化

这个星球在生命出现之前是不存在意识的。没有自我,没有行动,也没有行动的原因。事情只是那样发生着。石块从山坡上滚落;液体沸腾;火山喷发;但没有什么事情是为某个原因或某个目的而发生的。目的、原因、自我和意识如何从这样一个无心灵的环境中产生?为了回答这个问题，丹尼特讲述了一个进化的故事。这个故事引出了棘手的方法论问题。我们怎么知道这个故事是真是假？我们没法让时光倒流去验证它。构建这样的叙事有什么限制条件？一些批评者对这个叙事中的情节有所担忧，并讽刺它们"只是故事"。[4] 然而，即使我们永远无法知晓生命和心灵在地球上演化的细节，构建合理的叙事去解释它也不是完全无用的，当然，叙事的构建也不是没有限制的。我们必须对生命、心灵和意识的演化进行阐释。我们知道，事实上有一个时期地球上不存在这些现象，我们也知道，事实上它们现在都存在。那么这道鸿沟必须以某种方式被跨越。如果你相信科学，并因此放弃诉诸超自然力的介入，那么对如何跨越鸿沟的阐述必须在自然科学理论的限制范围内。化石记录让我们了解了今天生命形式的实质，再加上我们对物理过程的理解，这些足以为我们思考跨越鸿沟的问题附加上充足的限制条件。尽管丹尼特故事的许多细节无疑是错误的，但它是一次认真的尝试，它尝试通过构建一个合理的叙事，也就是在我们的科学知识限制范围内的叙事，去说明世界的运行机制。

在丹尼特看来，意识演化的第一步是要从纯粹的原因（*causes*）世界里产生理由（*reasons*）。一旦某物具有了利益，它就有了行动的理由。具有利益的东西是怎么出现的？丹尼特认为，只要算得上"复制因子"（*replicators*）的东西出现，就可以合理推断利益的存在。一个复制因子是某种可以自我复制的结构。最原始的生命形式已经具有了复制因子。早期生物很可能比今天最简单的生物复制因子——病毒还要简单得多。一旦这些生物开始在原始浆液中漂浮，我们就可以推断，使复制因子这样做而不是那样做的理由出现了。这是因为，复制因子有目标或目的。它们最根本的目标就是复制。对复制因子而言，任何服务于此目标的东西都可以促进它的利益。既然复制因子的目的旨在复制，那它就有理由去做有助于目标实现的事情。[5]

有两种最基本的策略可以使复制因子的复制活动更高效。在严酷的环境中，一个复制因子要与其他复制因子争夺复制所必需的稀有资源，它们或者原地不动地长出许多"盔甲"，或者机智地到处移动。前者是大部分植物的策略。植物依靠坚固的屏障抵挡环境中的危险因素。后者是动物的策略。动物通过移动躲避危险，获取必要的生存资源甚至是繁衍后代。为了移动，它需要一套控制系统——用于高效而智能地控制行为反应。这就是为什么动物具有神经系统而植物没有的原因。

早期的动物只具有极其简单的神经系统。今天我们能看到的这种动物之一就是海鞘：它只用大脑在某块岩石下面找到一处安全的藏身之所，在那里它可以繁衍。一旦找到了合适的场所，它就不再需要大脑了，所以它会把大脑吃掉！[6]这种简单的神经系统很难被视为控制系统。它们触发的行为更像是反射活动（reflexes）。然而，自然选择压力促成了更为成熟的神经系统的演化。在时常需要竞争稀有资源的环境中，复制因子如果拥有更为成熟的控制系统，就能够控制更多样化的行动反应，实现更多目标，它们就具有更大的生存优势。这种动力学发展了千百万年后，结果就是动物具有了多样化的神经系统：大脑由不同的特异化成分构成，它们致力于完成不同的任务，最主要的就是觅食、逃跑、战斗和繁衍（CE，p. 188）。

拥有这种神经系统的动物靠本能行事。环境激活了适当的特异化成分，这些成分以相当程式化的方式控制着动物的行为，就像我们沿着熟悉的道路开车上班那样不用投入太多精力。然而，有证据显示，即使最为原始的动物也已经进化出了一种定向反应（orienting response）。当它们察觉到某些很可能相当重要却难以分辨的刺激物时，定向反应发出了"齐心协力"的信号，同时激活脑的所有特异化部分，并创造出一个暂时的"全局"工作空间，大脑的任何部分获得的任何信息都汇集在那里，以便对刺激物做出辨别和反应。丹尼特主张，这种构成动物警觉能力的定向反应是人类意识的早期、原始形态（CE，p. 180）。

一旦发展出这种能力，在引起定向反应方面更具内源性（*endoge-*

nous)控制的个体将处于优势地位。也就是说，能够激活定向反应，并且即使在缺乏某些很可能重要却难以分辨的刺激物的情况下，仍然能够保持警觉的个体才有可能存活，这是因为：它注重对环境信息的收集。即使当下并不需要，这种生物有能力获得并储存关于环境的信息以备将来之用。丹尼特称这种具有强烈好奇心的生物为"信息生物"（informavores），① 因为它们对信息经常有强烈的渴望（CE，p. 181）。目前，所有的哺乳动物都在不同程度上具有信息生物的特征，而这个系列的终端——人类及其近亲类人猿更是如此。

信息生物感兴趣的是环境的*规律性*（*regularities*）。要想有效而智能地控制行为，最好的方式是预期未来（CE，p. 177）。如果知道猎物、捕猎者、同伴或幼崽在什么地方，信息生物可以适当地做些准备。遗传选择使它们能够发现环境中大部分稳定规律。大脑更加适应稳定规律的个体比大脑适应性欠佳的个体更具有繁衍优势。然而，随着生物体的生存环境日益复杂，自然选择在构建适合应对复杂规律性的大脑方面不太有效。自然选择通过基因传递，使子代拥有了它们亲代的能力。但如果生存环境的规律极不稳定，以至于在少数几代生物中发生了重大改变，那么大脑就不能有效应对新的规律，除非它们足够幸运地获得了适当的基因突变——一种发生概率极低的现象。因此，如果个体在存活期间其大脑能够学习相关规律，那它就拥有巨大的生存优势。这导致表型可塑性（*phenotypic plasticity*）选择：个体在存活期间适应环境中偶然规律的能力。例如，松鼠不必在它们父母寻找坚果的地方进行搜寻。它们可以学会在其他地方找到坚果。

丹尼特认为，表型可塑性的演化产生了性质完全不同的一种演化类型。神经系统复杂性的增加不再仅仅是基因差别性繁殖的结果，智能的

---

① 信息生物一词指消耗信息的生物体，用于描述现代社会人类对信息的需求，该词与描述人类对食物之需求的杂食动物（omnivore）一词形成了对比。——译者注

增长不需要等待幸运的突变，也就是使某些个体的能力得到提升并超越其亲代的现象。个体神经系统内部现在发生的过程与之类似。不同的神经结构和过程在竞争个体行为的控制权，其中最适合，也就是最能遵循当下的规律，并且能最好地控制智能反应的过程获得了个体行为的控制权。

高等哺乳动物，尤其是我们的灵长目近亲，都是纳入表型可塑性的新型演化类型的产物。我们的灵长目祖先亦是如此。这些物种以难以置信的效率实现它们的生存目标。它们对环境中的偶发事件表现出的灵活性和敏感性令人印象深刻。在许多方面，它们的智能可以和我们媲美；事实上，我们拥有许多共同的神经生理能力。丹尼特对前人类信息生物的认知活动描绘如下：

> 我们假设的灵长目动物祖先……是一个有能力学习新计策的动物，它几乎可以持续地对新奇性保持警惕和敏感，但它的"注意时长很短"，并且其注意力也往往会被分散注意的环境特征所"吸引"。这个动物没有长远的规划，至少没有新奇的规划……① （CE, p. 189）

这种认知能力为人类意识演化的最后一步搭好了平台。丹尼特接着说道："到了这个底层神经系统，我们现在开始设想，建造一个更像人的心智，它有点像'意识流'，能够维持精深复杂的'思想列车'，人类文明显然就有赖于此。"（CE, p. 189）②

高等哺乳动物的认知能力是性质不同的两种进化过程的产物。

---

① 译文引自丹尼尔·丹尼特著，苏德超、李涤非、陈虎平译，《意识的解释》，北京理工大学出版社，2008 年，215 页。

② 译文引自丹尼尔·丹尼特著，苏德超、李涤非、陈虎平译，《意识的解释》，北京理工大学出版社，2008 年，215 页。

首先，像自然界的其他生物一样，认知能力是为得到更好的基因而发生的自然选择的产物。这是一种相对缓慢的选择形式，因为它依赖于差异性繁衍和单个的幸运突变；突变则要经过若干代生物才能发生一次。其次，由于高等哺乳动物具有极端表型可塑性，它们的认知能力还是以下过程，即为了在个体存活期间获得更好的神经控制系统而选择的产物。在丹尼特看来，人类的意识不仅是这两种进化过程的产物，还是性质不同的第三种进化，即文化进化的产物。在当今的所有物种之中，只有人类依靠学习文化传统实现了种群的繁荣。许多物种都具有社会行为表现，有些甚至能做最基本的模仿（Boesch，1991）。但是没有哪个物种依靠文化传播学习复杂的技能，没有哪个个体靠他自己就能获得这些技能（Boyd and Richerson，1996；Tomasello et al.，1993）。

正如丹尼特指出，我们能通过模仿、教育、阅读等方式进行学习，这种精湛的技艺使我们适应环境的智力得到了突飞猛进的发展（CE，pp. 193，208；FE，p. 173）。与其他生物不同，我们无须重复发明车轮。文化保存了前人那些来之不易的成果，把它们传递给后代，后代还可以做加工改进。新手可以通过这种方式很快掌握已经通过检验的复杂技能并加以改进。这些革新不断积累，最终，人们无法单独发明的技能得以通过社会学习来掌握。[7]心理学家将这种动态过程命名为"棘轮效应"（ratchet effect）（Tomasello et al.，1993）或累积性文化演化（cumulative cultural evolution）（Boyd and Richerson，1996）。这里的观点是，成熟的文化学习使我们这个物种得以螺旋式"提升"自己的认知技能。

考虑到文化学习在人类演化中的重要作用，因此我们的心灵与其他动物不同，它很大程度上是文化的产物。这一事实促使丹尼特及其他一些学者捍卫一种特定的文化演化模型：文化遗传学模型（the memetic model）。该模型由理查德·道金斯（Richard Dawkins）首先提出，其观点是，经由文化传递的观念，也就是"模因"（meme），① 其作用非常类似于经由生物繁衍传递的基因。正如遗传学研究不同基因在不同生物环境中的繁殖一样，文化遗传学研究不同模因在不同文化环境中的繁殖。在道金斯（Dawkins，1976）和丹尼特（CE, p. 202）看来，这不仅仅只是隐喻：模因同基因一样也是复制因子。就像基因的存活和繁衍依赖于个别有机体的成功存活和繁衍，模因依赖个体的大脑而存活和繁衍。当模因被个体的心灵牢记并在个体间进行交流时，它们就得到了保存和繁衍。它们就像心灵中的病毒。人的心灵通过与他人心灵的交流而感染模因。模因在个体心灵中生存、成长、突变，之后再次得到传播。人类掌握的任何技能或信息都是模因，比如好听的歌曲、技术、故事、食谱以及宗教信仰都是模因的范例。⁸ 这些模因并不总是对我们有利。有时候，有害的模因也在传播，比如能够导致厌食的体象（body-image），⁹② 就像通过互联网传播的计算机病毒。

这一切如何与人类意识的演化产生关联？或许，所有的模因中最为重要的正是人类的语言模因。即使不是大部分，也是相当一部分模因都经由语言传播：任何时候我们彼此进行交流，模因都会得到传播。在丹尼特看来，我们的祖先在进行社会信息传递时使用了一种相对原始的语言，这种语言很容易演化为大脑用于控制思维的乔伊斯虚拟机。

正如丹尼特所示，我们的灵长目祖先已经解决了所有重要的行为控制问题：在高效而灵活地满足生存需要方面，他们是专家能手；他们知道下一步该做什么。然而，他们认知能力的结构导致了一个更高层次的控制问题：下一步该思考什么（CE, p. 222）。因为他们是时常保持警惕的信息生物，头脑中充满各种各样的能同时激活大量神经计算体的信

---

① 模因是道金斯模仿基因（gene）一词提出的概念，意为"文化基因"，也被译为"弥母"。——译者注

② 体象是一个人对自己身体的知觉，以及由该知觉产生的思想和情绪。——译者注

息，所以在组织和构建认知处理过程时会遇到麻烦。他们的心灵由近乎杂乱无序的神经计算机构成，这些计算体为控制行为而彼此竞争。他们需要对这种无序状态进行控制：解决计算之间的纷争，协调各种控制序列，以便形成长期的连贯行为。丹尼特认为，当我们的祖先学会自言自语时，这种能力便产生了。

自言自语的能力可能是与他人交谈时生成的副产品，一旦出现了成熟的文化学习，我们的祖先可能就学会了自言自语。为了通过口头交流分享信息，群体中必须存在互惠（reciprocity）：如果某个个体发出询问时希望能够从别人那里得到有用的信息，那么当他接受询问时，他也必须愿意分享有用的信息。于是，任何以这种方式分享信息的群体都由这样的个体组成——他们既能向别人发出询问，也能在接受询问时做出回答。这个观点想说的是，当某个个体正在从事某项工作，但他无法获得相关信息时，他会自动发出询问。听到这个询问，别的个体如果恰好了解相关信息，他会自动回答。当然，互惠确保了问答的角色可以调换。现在，考虑到存在这样的群体，丹尼特要求我们想象以下情节：某个个体正在独自从事某项工作。他无法获得相关信息，因为他的某个特殊神经亚系统被封锁了，目前处于激活状态的亚系统无法通达。鉴于他有向他人发出询问——询问自己无法获得的信息——的习惯，他会自动进行询问，但因为他是某个群体的成员——这个群体中的个体如果听到询问会自动回答——在听到自己的询问后，他自动做出了回答，那些大脑无法从内部通达的信息由他的言语应答机制引出，然后他听到了自己用所需信息对自己的问题做出了回答。

正如丹尼特所述：

> 推动一些信息穿过人的耳朵和听觉系统，这完全可能碰巧刺激它正在寻找的某种联系，可能启动正确的联合机制，把它想说的那点想法送到舌尖。然后人就可以说出它，就可以听到自己在说，并

因此得到他所期盼的回答。①（CE，p. 196）

丹尼特认为，这是安装在大脑中的"虚拟连线"（CE，p. 196）。两个没有联系的神经亚系统通过自我导向言语（self-directed speech）联系起来。语言成为在大脑中对信息流进行控制的方式。丹尼特认为，这正是我们的祖先不具有却又非常需要的能力，正因为这样，自言自语的习惯成了一种"好技巧"（good trick），它很快就通过文化传递在整个群体中传播开来（CE，pp. 196 - 197）。同时，它还得到了精细化发展：成为一种成熟的、悄无声息的自我导向言语，人们时常采用这种言语控制大脑中并行处理的杂乱状况。乔伊斯机器安装完毕！

自我作为叙事重心

丹尼特用三种既有所区别又相互联系的隐喻解释他的意识自我理论。正如我们在第三章所见，意识自我可以根据政治隐喻来理解：尽管看似存在一个强大的行动者在掌管心灵，但它其实只是一个由不同计算体（联合）构成的有序系列，每个计算体只具有有限的能力，只能获得有限的信息，就像美国历史上的历届政府。这个现象也可以根据计算机科学隐喻来理解：意识自我是一台"冯·诺伊曼"虚拟机（CE，p. 210），它运行在大脑这个巨大的并行硬件上。最后，意识自我还可以根据生物学隐喻来理解：模因大部分经由语言传播，并且通过自我导向言语使自身在信息控制方面的影响力达到最大，当人类大脑被模因"寄生"时，意识自我就产生了。尽管有点令人困惑，但这个混合隐喻清晰

---

① 译文引自丹尼尔·丹尼特著，苏德超、李涤非、陈虎平译，《意识的解释》，北京理工大学出版社，2008年，223页。

地描述了一种高度原创性的融贯的意识自我模型。

但它注定存在许多不尽如人意之处。我们仍然会感觉到，丹尼特用生动隐喻描述的意识自我终究只是个幻觉；它不是大脑中的任何实在之物。没有什么东西真正在掌控中，就像没有哪个单一的政治团体在历史上始终统治着美国一样，就像运行文字处理软件的计算机并不是真正的打字机一样。当丹尼特讨论模因在创造意识自我的作用时，这种担忧便浮现出来。丹尼特的观点是这样的，当大脑通过语言这样的文化传播机制"感染"模因之后，自我就产生了。这个观点使我们倾向于认为心灵遭到了外敌入侵，而它必须抵御这些外敌。丹尼特当然认为这是错误的想法。意识自我是什么，我们是谁，都由控制我们大脑的模因决定。我们不创造模因，我们也不选择接受某些模因同时排斥其他模因。相反，模因创造了我们：它把我们的大脑变成愿意接收更多模因的环境。正如丹尼特所说，根据这个观点，"学者只是用一座图书馆去建造另一座图书馆"（CE, p. 202）。但是，如果我们的行为只是大脑中大量并行处理过程的专有产物，被来自其他文化的模因侵入，那么意识自我还有什么工作可做呢？

丹尼特借助另一个由道金斯首创的（Dawkins, 1982）概念：延伸表型（extended phenotype）来回答这个问题。生物学家对物种表型的传统理解是，表型即构成动物身体的蛋白质及其他物质对基因型进行的物理表达。道金斯却主张，许多物种表型有所延伸，并与环境中的固定事物相结合，但这些事物并不是动物身体的一部分。例如，蜘蛛结网。虽然网是蜘蛛体内的器官产生的，却并不是真正意义上蜘蛛身体的一部分。但与蜘蛛的其他身体部位一样，它对蜘蛛在自然界的生存至关重要：它是蜘蛛表型的延伸。这种现象在澳洲凉亭鸟身上表现得更为明显。雄性凉亭鸟修建"凉亭"也就是鸟巢，用来吸引雌鸟并与之交配。最"花哨"的凉亭最有吸引力，雄鸟经常找些人类的东西，像瓶子盖、小珠子之类用来装饰它的鸟巢。个体对环境中的事物具有默认期望

(default expectation)，它们会自动将这些默认期望与它们重要的生物行为结合起来。丹尼特认为，由正常的人类大脑所构建的自我是人类延伸表型的一部分：人类大脑生来就具有默认期望，人的生存环境中充满数以百万计的语词模因，人们会自动将这些语词模因"编织"成一个连贯的叙事系列，它定义了什么是自我。

于是，在丹尼特看来，意识自我就是一个叙事重心（centre of narrative gravity）。像物理学中的重心一样，自我不是某个具体的东西。物理重心只是抽象的数学点（mathematical points），物理对象中不存在某个实际上具有广延性的部分能够作为其重心。与之类似，人脑中也不存在某个实际上具有广延性的部分能够作为其叙事重心。大脑由无数特异化的、能力有限的计算体构成，没有哪个计算体拥有我们认为意识自我所拥有的能力。为此，叙事重心是个抽象概念：当我们把由个体大脑编造的模因所构成的叙事看作是出自某个叙事者之口时，我们必须假定叙事重心存在。大脑内部实际上并不存在这样的叙事者：叙事者是个幻觉，它由无数特异化的、能力有限的计算体的合作活动产生，在自言自语这类增强机制的作用下，这些计算体的影响力暂时被提升至最大。

不过在丹尼特看来，这并不意味着叙事重心没用或不重要，或者不是实在的。正如物理重心对理解物理对象的行为是有用而且重要的，叙事重心对理解人脑的工作也是有用而且重要的。为此，叙事重心虽然抽象却也应被视为实在的。[10]它确实影响着我们解释具体对象行为的能力，而且还有更为重要的功能。既然大脑进行自我控制的能力很大程度上取决于它对自我的理解，并且将自我理解为叙事重心非常有用，那么这种理解就对大脑的自我控制能力有很大影响。通过将自我看作叙事重心，大脑完成了一项紧迫的生物学任务：高层次的认知控制。正如丹尼特所述，这是大脑"能力的一个重要改变"（CE, p. 209）。意识自我作为一种抽象物或者说一个虚构物，其地位远没有被降低，这正是它的成就所在：丹尼特主张，它不只是个虚构物；它是个"举足轻重的虚构物"

(CE, p. 429)。

这向着恢复意识自我的重要性又迈进了一步,尽管如此,在丹尼特的理论中,尚不清楚作为叙事重心的自我如何从事常识概念中的自我所做的工作。根据人的常识形象,自我能够自由选择行动过程。道德责任概念有赖于此:如丹尼特所说,自我是责任所出之处(CE, p. 32)。然而,如果自我确实只是个有用的抽象概念,从外部文化环境中接受的模因对有限计算体的杂乱状态进行控制时,自我才被创造出来,那么,在哪种意义上人真正可以自由选择他们的行为,在哪种意义上人对他们的行为真正负有道德责任?对这些问题的详细回答会放在第五章,我将解释丹尼特对人的常识形象的第三个主要成分——自由和责任的阐述。

在常识形象中,意识自我还承担着另一项工作,那是真正欣赏或评价某个对象和状态的能力。有朝一日,我们可能会建造出一台能够准确评定葡萄酒等级的机器,但这样的机器真的能够以意识自我的方式欣赏酒的味道吗?人类的意识具有强烈的情感成分。意识不仅告知我们有关世界的信息,它还自动评价这些信息:我们把事情看成愉快的或不愉快的,开心的或悲伤的,痛苦的或快乐的。在丹尼特看来,他的理论可以很好地容纳意识自我的这些方面。对他来说,意识存在于那些得到增强和提升,并对后续处理过程和行为产生最大影响的神经过程中。意识科学的难题在于:"之后发生了什么"(SD, p. 138)。对该问题的回答必须准确而详尽地说明,后续处理过程和行为是什么。丹尼特认为,后续处理过程不可避免地包含强烈的评价成分:

> 我们的识别状态不仅能够识别,它们还能激发我们的偏好。不是说我们与偏好的选择无关,而是这些偏好本身是微妙的、可变的,它高度依赖于其他条件。一段时间偏爱巧克力,一段时间偏爱奶酪,一段时间偏爱蓝色,一段时间偏爱黄色。总之……即使不是全部,也有许多识别状态都具有所谓的情感效价维度(dimension of

affective valence)。我们关心自己所处的状态，这种关心反映在我们倾向于改变状态的时候。(SD, p. 175)

丹尼特认为，这并不奇怪，因为我们的意识和感觉状态源于演化过程。计算体对自己负责，它们源自更为原始的机制，该机制扮演的是"警示者和召唤者"而不是"漠不关心的汇报者"的角色（CE, p. 384）。其功能是警告我们远离危害之物，吸引我们接近有益之物。因此，意识状态自带评估特性，也就不奇怪了。所以在丹尼特看来，由有意识的知觉做出的评定完全可以用他的模型所主张的策略来解释：一旦我们清晰而彻底地说明处于有意识状态的计算体的最大影响是什么，我们就能理解对于真正的评定和评估能力来说，这些影响具有什么作用。

不过对丹尼特的模型还有另一种担忧：如果意识只是在大脑并行结构上对冯·诺伊曼式乔伊斯机器的模拟，那么为什么像标准台式机这样的真正的冯·诺伊曼机却没有意识？丹尼特回应道，大脑运行虚拟冯·诺伊曼机的方式可以解释二者的区别：

> 冯·诺伊曼机一开始就以那种方式连线，信息联结的效率又最高，所以它不必成为它自己的精细知觉系统的对象。另一方面，乔伊斯机器的工作，就如它被设计去知觉外在世界的任何事物一样，是它"可以看到的""可以听到的"——理由很简单，许多相同的知觉机制就聚焦在这些工作上面。[①]（CE, pp. 225–226）

乔伊斯机器包含的信息处理序列主要通过自我刺激被增强至影响力最大的状态，也就是说，信息通过言语等自我导向行为经由感官反馈回

---

① 译文引自丹尼尔·丹尼特著，苏德超、李涤非、陈虎平译，《意识的解释》，北京理工大学出版社，2008年，258页。

大脑。之后，这些信息得到了加工，加工的方式与感官处理环境信息的方式相同。意识的不可言说性以及随之而来的神秘性就在于此。因此，丹尼特观点的合理性很大程度上取决于他对感官信息不可言说性的解释。下面我就要谈谈这个问题以及其他"未尽事宜"。

完成未尽事宜

在前面的内容中，我讨论了丹尼特对其意识理论所引发的几个突出问题做出的回应。这里，我回到第三章中提出的三个具体问题：经验的不可言说性、神经科学家黑白玛丽学到的东西以及非人类的意识。[11]

意识经验的不可言说性就是它的不可表达性：看似不太可能用语言向一个没有见过红色的人表达红色的意识经验。大部分意识显而易见的神秘性都来自这样的事实。正如我们之前所见，丹尼特主张，将人脑中运行的有意识的冯·诺伊曼虚拟机与真实的、无意识的冯·诺伊曼虚拟机——比如台式机——区别开来的东西是我们的感官。当大脑通过各种自我刺激经由感官将信息反馈回去时，大脑就运行了冯·诺伊曼虚拟机。但感官提供的信息很好地例示了信息的不可言说性：众所周知，颜色、味道、气味的经验是很难用语言表达的。因此，丹尼特的理论能够与以下主张——使意识看起来如此特殊的东西显然是感觉信息的不可言说性——相符合。丹尼特同意感觉信息显然是不可言说的，但他并不认为这有多神秘：他寻求以科学的术语解释这些现象。

不可言说的、有意识的感觉状态的最佳范例就是颜色经验。众所周知，自现代科学产生以来，颜色就是一个令哲学家们困惑的概念。根据人的常识形象，颜色作为物体表面的简单属性存在于我们的心灵之外。然而，物体表面不存在简单的、可进行科学检测的属性与颜色的常识概念相匹配。物体表面只是反射了来自光谱"红"端的光波，它在正常人类观察者眼里并不总是红色的。这完全取决于观测条件：周围的光线、视野内的其他物体等。在某些观测条件下，反射光谱"非红"端光波的物体也能在正常观察者眼里呈现红色。如果我们观察正常观察者称之为"红"的东西——落日、苹果、辛辛那提红人队的棒球帽、暮色中的橙子——会发现它们看起来没有共享任何客观的、可进行科学检测的东西。它们共有的东西只是人们都用"红"来描述它们这样一个事实。这使一些哲学家和科学家主张颜色的投射理论：与常识形象相对，颜色并不是存在于心灵之外、物体表面的属性；相反，颜色被心灵投射到了物体上。

丹尼特无法接受投射论（projectivism）。如果颜色由心灵之内投射到物体上，因为它们肯定不存在于我们的大脑中，那就必须存在某个非物理的笛卡尔剧场来容纳它们。既然丹尼特拒斥笛卡尔剧场，他就必须拒斥投射论。丹尼特认为，颜色的常识概念说对了一点：颜色确实存在于心灵之外的物体上。但是，另一点是错误的：颜色并不是物体的简单属性。它们极其复杂且带有欺骗性——太过复杂而不易于也不能快速以语词进行表达。然而大脑的进化方式使这些复杂的属性看起来很简单。这样的幻觉产生了一种直觉，即有意识的感觉经验是不可言说的。它们在实践上不可言说，因为它们表征的属性太复杂，不易于也不能快速进行描述。一旦我们了解了为什么这些属性对人脑的感觉系统来说非常简单，它就一点也不神秘了。

丹尼特认为，颜色与动物的视觉系统是共同进化（co-evolved）的。[12]共同进化是种普遍现象：当两种生物学特征彼此影响着对方的生存和繁衍时，就有可能出现共同进化。例如，狮子和瞪羚都跑得很快。这种速度是共同进化的结果：狮子的速度提高了，瞪羚的速度也必须提高，反之亦然。这种相互影响戏剧性地加快了自然选择，产生了极端特征，比如狮子和瞪羚的速度。丹尼特主张，颜色和色觉系统的情况与之类似。动物色觉的关键是能够快速高效地觉察重要的刺激物：主要是食物、天敌和配偶。因此，举例来说，对动物的视觉系统而言，将红色从绿色背景中突显出来，这很可能与许多成熟的果实都在绿色背景下呈现红色有关。而动物的行为对那些生物体——产生动物色觉系统觉察到的重要刺激物的生物体——来说也是非常重要的。例如，许多植物要靠动物吃掉它们的果实来传播种子。这些植物可能会以这样的方式进化，即使它自己更有可能被动物吃掉。一种方式是用颜色标示：进化出更容易被动物视觉系统觉察的颜色。这种相互影响造成了共同进化的态势：植物进化出更容易被动物视觉系统觉察的颜色，动物视觉系统也有所进化，以便更好地觉察这些植物。此过程导致极其有利于发现某些具体特性的视觉系统的出现：动物视觉系统及其所食用植物的颜色"为彼此而生"。

这如何解释颜色经验的不可言说性？因为动物视觉系统与颜色共同进化了千百万年，以至于前者对后者具有极其有效的觉察力，任何其他表征颜色的方式都不能与之媲美。语词尤其不能像视觉系统那样高效地表征颜色。视觉系统仅被自然选择设计来有效察觉那些特殊的反射属性（*idiosyncratic reflectance properties*），这些属性是植物为了更容易被视觉系统发现而进化的。既然语词的设计目的从不在此功能，它们就不可能以视觉系统的方式表征颜色：这就是为什么颜色在实践上是不可言说的。原则上，我们可以用语词表达所有且只有红色事物的共同之处，但不可能像视觉系统那样快速、简洁而高效，视觉系统就是为表征颜色而量身定制的。

丹尼特借助一个类比进一步阐明了他的主张。一对夫妇被指控为外国从事间谍活动。审判发现，他们曾使用一种简单精巧的系统与国外特工联系。他们会从果冻盒子上撕下一块纸板，把它交给联系人。到见面时间时，为了确保见的是正确的人，他们会拿出果冻盒子，并要求联系人拿出他们邮寄出去的另一片。两片纸板的锯齿状表面如此复杂，以至于要检验联系人拿出的那一片是不是对的，唯一的可行办法就是把两片对在一起看能否对得上。当然，用很长很复杂的语句来描述这个表面也是可以的。不过检验另一片纸板唯一有效可行的办法就是把两片放在一起。两片纸板"为彼此而生",就像颜色与色觉系统"为彼此而生"一样。正因为如此,颜色和其他感觉特性才是不可言说的。用语词表征这些特性在实践上是不可能的,而用感觉系统表征它们却很容易,因为得益于共同进化,感觉系统与感觉特性"为彼此而生"。

对不可言说性的解释也可以用于解释人们的直觉,即神经科学家黑白玛丽在第一次看到颜色时会学到新东西。丹尼特将这样的例子称为"直觉泵"(intuition pump)(ER, p. 12)。直觉泵描述的是旨在泵出直觉即激发直觉反应的假设情境。哲学研究中经常使用此类思想实验。[13]在这个例子中,我们打算设想一个实际上不可能发生的情境:某人知道科学可能告诉我们的有关神经系统的一切知识,并且她是在完全没有色彩的环境里获得这些知识的。我们需要根据直觉对下列问题做出回答:在她第一次看见颜色时,她会学到新东西吗?人们的典型直觉回答是:会的,她学到了新东西,也就是颜色看起来是什么样子。这种直觉给以下结论提供了支持,即颜色看起来的样子与关于神经系统工作原理的科学知识是截然不同的。

丹尼特认为,这种以及其他许多直觉泵都是有害的,它们阻碍人们对意识进行标准的科学理解。按他的话说,它们误将"想象力的缺乏当成对必然性的洞见"(CE, p. 401)。当你试图想象这样一个人,他知道"科学可能告诉我们的有关神经系统的一切知识"时,你怎么确定自己成功了?我们怎么能想象自己知道这一点?关于一个人是否能够知道看见颜色是什么样子,我们怎么能根据这些信息就得出结论?

丹尼特指出,如果玛丽真的知道包括她自己在内的人类神经系统的一切知识,那她就确切地知道,自己的大脑在遇到颜色刺激时会如何反应(CE, pp. 399–400)。即使她仍处于黑白环境中,如果她用其他方法使大脑进入那种状态,又有什么能阻止得了她呢?她难道不能通过这种方式,用人类神经系统的科学知识发现颜色看起来的样子吗?当然,她关于大脑如何反应的知识与大脑的实际反应不同：玛丽用语言描述她的神经系统在遇到诸如红色时会进入的状态，与她实际上处于的那种状态是不一样的。但如果我们接受丹尼特对不可言说性的解释，这些差异便不再神秘：语词不可能像色觉系统那样准确传达颜色信息，因为色觉系统与颜色是共同进化的，它们为彼此量身定制。如果玛丽想以视觉系统的方式表征颜色，唯一的方法就是令她自己的视觉系统进入恰当的状态。这就是为什么玛丽的基于语词的理论知识——关于看见颜色时神经系统的工作情况——与她通过视觉系统对颜色的表征完全不同。

于是，丹尼特可以对那些反对意识的科学理论——包括他自己的理论——的诸多哲学论证做出合理的回应。然而，他的理论还有一个更具体且相当紧迫的担忧出现。言语，尤其是自言自语的能力在丹尼特理论中具有极其重要的作用。乔伊斯机器之所以能够安装在大脑中，很大程度上归功于我们用语言进行自我刺激的习惯。根据丹尼特的看法，大脑中的某些信息处理过程得到了增强，并对整个大脑的活动产生了不成比例的影响，从而使得该信息处理过程成为有意识的，信息处理过程的增强大部分是由自我导向言语引起的。可是有许多生物，我们在常识中认为它们是有意识的，但它们并没有任何言语能力，它们不具有人类的语言，更别说言语式自动刺激了。丹尼特的观点暗示在这个问题上常识是错误的吗？猫、狗、黑猩猩和没有语言能力的人都没有意识吗？

丹尼特认为，必须将两个问题区分开。第一，某个认知系统，比如动物的神经系统，必须做什么才能被视为有意识？第二，真正有意识的神经系统如何实现这项功能？[14]丹尼特对第一个问题的回答保持了对第二个问题即丧失语言者是否具有意识的中立性。他的理论包括：

    1. 经验假设：我们能够再经历或再回忆起有内容的事件，这种能力是意识最重要的特征——实际上，这基本上就是我们所能发现的意识的决定性特征；

2. 经验假设：这种回声能力（echoic capacity）很大程度上归功于我们从人类文化中接受的自我刺激习惯，我们大脑中的乔伊斯机器是由模因造就的虚拟机（SD, pp. 171–172）。

丹尼特指出，这些是"独立声明"（SD, p. 172）。像动物神经系统这样的认知系统，要成为有意识的就必须具备一些手段，通过这些手段，特定的信息处理流能得到增强，并在很长一段时间对整个大脑活动产生最大影响。这正是丹尼特说"我们再经历或再回忆起有内容的事件"时所意味的东西。他在其他地方将这一点与"回声室"进行了比较（SD, p. 169）：当信息在大脑中额外"回响"了一段时间后，它就上升到了意识的地位。达到这种效果的一条路径是通过自动刺激习惯，比如我们从文化中习得的自我导向言语。某种信息处理流的影响力被提升至最大，因为它们凭借强制重复的自我导向言语不断向大脑进行反馈。但或许有其他路径也能达到这种效果。

如果认知科学发现其他机制，比如非人动物身上也具有这种回声制造能力，那他的理论——意识在很大程度上是以语言为基础，由文化进行传播的现象——就不成立了。不过丹尼特认为这不太可能。他主张，非人动物不需要意识的回声室，意识不可能是其他过程的副产品。为了在野外生存，生物体需要高效而及时地处理信息；反复琢磨或不断重放无用信息只会浪费当前的宝贵时间和精力。丹尼特写道，以某种方式，"人类出现了策略转变，我们发展出一遍又一遍'在心中重现事件'的习惯，这个起初费时费力的习惯很可能就是我们最伟大天赋的来源"（SD, p. 169）。

因此，对于大脑必须做什么才能被视为有意识这个问题，尽管丹尼特的理论为语言缺失者也具有意识保留了可能性，但他的经验直觉是，进化过程实现这项功能的唯一路径就是通过自我导向言语，以及其他由文化传播的自我刺激习惯。相应地，丹尼特的直觉认为，语言缺失者不具有意识——至少不具有语言使用者所具有的那种意识。语言缺失者缺少一种手段，能够让大脑中的信息处理过程实现"回响"，或将它们增强到对整个大脑的长期活动产生最大影响。没有这样的影响，又有什么理由将语言缺失者大脑中的信息处理过程称为意识？正如丹尼特指出："不能产生整体影响的辨别力如何（与什么做对比）才是经验性的？"（SD，p. 143）

丹尼特在这个问题上有些犹豫（CE，p. 447）。他并没有提出成为一只蝙蝠不具有任何特殊体验。根据他的理论，某个信息处理流是否是有意识的，这个问题从来都不存在一个简单的肯定或否定回答。不是进入大脑中的"魔法圈"就确保具有了意识；存在不同程度的意识。能对整个大脑的长期活动产生最大影响，达到这种程度的信息才是有意识的。因此，或许蝙蝠及其他缺少语言的生物体也具有最低程度的意识。但丹尼特强调，这与人类的意识极为不同："这些动物具有的意识，相比于我们的意识，大逊弗如了。例如，蝙蝠不仅不能怀疑今天是不是星期五，它甚至不能怀疑它是不是蝙蝠"①（CE，p. 447）。丹尼特主张，如果我们拒绝正视语言缺失者所缺失的东西，我们就不是在帮它们的忙：

> 如果没有一种自然语言，聋哑人的心智发育会受到严重影响……认为在缺少语言的情况下，聋哑人与我们这些有听力的人一样也享受着所有的心理愉悦，这不是在帮他们的忙；尽管遮掩非人动物在心智限制方面的既成事实，这也不是在帮它们的忙。②（CE，p. 448）

---

① 译文引自丹尼尔·丹尼特著，苏德超、李涤非、陈虎平译，《意识的解释》，北京理工大学出版社，2008年，513—514页。

② 译文引自丹尼尔·丹尼特著，苏德超、李涤非、陈虎平译，《意识的解释》，北京理工大学出版社，2008年，514页。

未来的路

人的常识形象的三个中心概念是意向性、意识和自由行动者。我们已经探讨了丹尼特对前两个概念的处理。一个系统只在这种情况下才是意向系统，即其行为具有实在的模式，这些模式能够从意向立场——假设系统具有目标，能获得关于世界的信息，并据此做出合理的决定——辨别出来。一个系统只在这种情况下才是有意识的，即指导行为的控制系统执行一台"乔伊斯机器"——不同的信息处理流得到增强，并以有序的线性序列对整个系统产生最大影响，这些序列受自我刺激习惯控制。下一章我将讨论丹尼特对人的常识形象中的第三个中心概念——自由行动者的解释。

第五章 人类的自由

导 语

在人的常识形象中，大部分人类（human beings）都是主体人（persons）。这首先意味着我们有能力自由选择行动，因而我们对自己的大部分行为负责。自我是自由、负责任的行动者，这样的自我概念对我们进行自我理解极其重要：正如我在第一章指出的，我们很多最重要的政治、社会和经济制度都依赖于这样的假设，即人类能为他们的所作所为负责任。不过，人的自由很令人费解：很难看出它如何能够与人类行为的任何因果解释相调和。

意志的自由（freedom of the will）问题可以略显简单地陈述如下。如果我们的行为是被超出自身控制的因素因果决定的，无论这个因素是全知全能的上帝的意志，还是构成我们身体的原子所遵循的规则，或是我们基因的能力，又或是我们童年的经历，都很难看出，我们如何能以其他方式做事。要做出自由的选择，并因此使你对自己的选择负有责任，就是要能够做出其他选择。如果你的选择是不可避免的（inevitable），因为各种原因已经决定了它的发生，那么显然，你不能做出其他选择。接着就是，尽管看起来你能，但实际上你不能做出自由选择，你对自己选择的行为也不负有责任。

这是不相容论（incompatibilism）的经典主张：人类行为的因果决定论（determinism）与意志的自由不相容。任何接受这一主张的人都面临艰难的选择：他们或不得不放弃决定论，并接受某些人类行为不能被先前的事件因果地解释，或不得不放弃意志的自由，并接受自由的选择和责任都是幻觉。在这个两难局面中，前一种观点被称为自由意志论（libertarianism）。[1]自由意志论声称，某些人类行为是不受先前事件决定的自由选择的结果。为此，自由意志论者也经常被称为非决定论者（indeterminists）。后一种观点被称为"强决定论"（hard determinism）。强决定论主张，没有任何人类行为是自由的，由于所有的人类行为都由先前事件因果地决定，因此意志的自由和责任都是幻觉。

不少哲学家、人类学家、宗教思想家及其他常识形象的"卫士"都赞成自由意志论。而许多科学家都支持强决定论。丹尼特一如既往地保持中立。他拒斥不相容论的主张：他认为决定论与意志的自由相容。这种立场被称为"相容论"（compatibilism）或"弱决定论"（soft determinism）。像丹尼特这样的相容论者必须双线作战：他们必须反对自由意志论，主张所有人类行为都是被决定的，同时反对强决定论，认为某些人类行为是自由选择的结果。

丹尼特对这种境况再熟悉不过：任何调和常识形象和科学形象的尝试也必须双线作战。我们已经看到，丹尼特如何捍卫意向性和意识以反对取消主义，同时捍卫对这两种现象的科学解释以反对二元论。不过丹尼特捍卫人类自由的进路与他捍卫其他两种常识形象的进路略有不同。在意向性和意识方面，丹尼特承认，调和二者与科学形象需要对这些现象的日常概念（ordinary concepts）进行一些修正。[2]而涉及自由意志（free will）这个常识概念时，丹尼特不愿放弃常识立场：他主张，自由意志的日常概念，那种唯一"值得拥有"（worth wanting）（ER）的自由，与决定论相容，而自由意志的不相容论理解歪曲了自由意志的日常概念。

本章内容如下：第一部分，我解释丹尼特主张自由意志的日常概念与决定论相容的原因。第二部分，我考查丹尼特反对不相容论的论证。在这个问题上，我先讨论他对自由意志论的回应，特别要关注的是他对非决定论的批评。而后，我探讨他对认知神经科学最新研究结果的解释，一些认知科学家认为，这些结果与有意识的意志所具有的效力不相容。在本章第三部分中，我探讨丹尼特对人类自由，也就是与道德责任相关的那种自由如何进化而来的看法。

决定论与真正的"可避免性"

如果所有的人类行为都完全由先前的事件决定，那么所有的人类行为都是不可避免的，这个声明是不相容论的基石。如果一个行为是不可避免的，那么我们做任何事情都不能改变它。丹尼特认为，该声明源于对不可避免性的非正常理解。在他看来，说某事是不可避免的，就是说它是不可规避的（unavoidable）（FE，p. 56），而某个事件是否是可规避的，一般都涉及某个行动者：对谁（不）可规避？（ER，p. 123）没有什么是绝对不可避免或不可规避的。要提出不可避免性问题，就暗含着向一个特定行动者提出这个问题。

对丹尼特来说，行动者是什么？我在第二章讨论过这个问题：对他而言，任何具有利益并因此有理由以此方式而非彼方式行动的系统都是行动者。换言之，在丹尼特看来，任何意向系统都是行动者。因此他认为，某个事件是否是不可避免的，取决于该问题涉及哪个意向系统。说一些事情在特定的意向系统那里不是不可避免的，或者说是可规避的，这有意义吗？丹尼特指出，我们总是在做这样的声明，即使我们知道所涉及的行动者的行为完全由先前的事件决定。

考虑两个下棋计算机程序 A 和 B，它们在一场国际象棋锦标赛里是对手（FE, pp. 77 - 83）。每局比赛的第一步都是由一个随机数字生成器所输出的数字随机选择的，这产生了数量不定的赛局，并且每局比赛的进程都不一样。这些下棋程序完全属于决定论系统。每一步都可以根据前一步和程序的设计绝对准确地得到预测。不过，询问有些棋步是否是可以避免的，这仍然是个有意义的问题。假定 A 在 90% 的时间里都击败了 B，并且这似乎缘于 B 倾向于过早地出动王后。① 对 B 的程序设计者来说，问该行为是否是可规避的就是有意义的。假定他们调整 B 以弥补这种缺陷，之后 B 连赢三局。这里我们再次发问，那些胜利是否是侥幸获得的就是有意义的，也就是说，如果随机选择的第一步稍有不同，A 是否可以避免失利。给定第一步，则比赛的进程注定将按它所发展的方式发展下去，这样的事实与程序设计者所感兴趣的问题毫不相关。他们想知道的是有关程序设计的东西：这些设计可以使程序在略有不同的棋局中避免失利吗？这些设计可以得到调整，以便在未来相似的棋局中避免失利吗？

通过这个例子，我们可以得出结论：至少存在一种不可避免性的概念不能为决定论所蕴含。也就是说，既然工程师们经常谈论这样的系统——其行为是完全被决定的且可预测的，好像他们可以规避某些特定的行为，那决定论并不蕴含工程师那种意义上的不可避免性。存在某些决定论系统，在这种意义上，特定的行为对它们来说是可规避的，或者用丹尼特的术语来说，是可避免的（evitable, FE, p. 56）。声称决定论系统的行为在工程师那种意义上不是可避免的，因为它是被物理决定的，这样的声明在丹尼特看来是犯了范畴错误（*category mistake*）。一个人在从物理立场对系统进行描述时，使用了属于设计立场层面的概念

---

① 王后（Queen）是国际象棋棋局中实力最强也是最容易被吃掉的棋子。——译者注

(ER, pp. 139 – 143；FE, pp. 26, 43, 62, 79)。

当工程师考虑他所设计的系统是否有某些行为是可规避的时候，他关心的是系统的设计，而不是在某个具体场合下决定系统行为的物理因果链。如果系统做出了工程师不希望它做的行为，如果系统的设计存在缺陷，那么说系统行为是不可避免的，只因为系统已被决定了将在那样的环境下做出那样的行为，这就错过了工程师所关心的问题。工程师知道系统是被决定的；问题是：它能被设计得更好，以便将来能够避免不希望出现的行为吗？可规避性的设计层面或者说工程学概念与生物界相关。无论生物体的行为是否已被先前的事件完全决定，不使用可规避性概念，人们就无法理解生物体（ER, pp. 126 – 127；FE, p. 60）。例如，瞪羚腿的部分功能就是摆脱捕食者的追击。从丹尼特对生物系统的理解可以得出：在他看来，它们是自然选择造成的长期却短视的设计过程的产物。[3] 如我们在第二章所见，正因为如此，瞪羚的大部分行为都可以从设计立场得到最佳说明。

既然存在一种不可避免性的意义，在这种意义下决定论并不蕴含不可避免性，那有一个问题出现了：这就是与人类的自由问题息息相关的不可避免性意义吗？还是说，不可避免性的不相容论意义——在这种意义下决定论的确蕴含不可避免性——才是与人类的自由问题息息相关的不可避免性意义？丹尼特主张，工程师在评估决定论系统的设计时所引出的不可避免性意义才是它的正常意义，也是与人类的自由问题息息相关的意义。不可避免性的不相容论意义是日常生活中毫无用途的异常意义。在丹尼特看来，不相容论者犯了两个错误：(1) 他们曲解了因果性和可能性的正常概念，误认为它们意味着如果一个事件是因果决定的，那么它就不可能不发生；(2) 他们假定决定论意味着我们的特征是固定不变的。

哲学家约翰·奥斯汀（John Austin）曾提出一个解释不相容论的著名案例（Austin, 1961, p. 166；FE, p. 75），丹尼特借助这个案例抛出他对日常的因果性和可能性概念的讨论。假设有一位高尔夫球手，他集中了全部技术和最大的专注力去击球，却还是没能击球入洞。奥斯汀问，这是不可避免的吗？或者换个说法，高尔夫球手不可能击球入洞吗？奥斯汀主张，如果决定论正确，那么击球不入洞就是不可避免的；在那种情况下，他不可能击球入洞。他的推理如下：如果决定论正确，则在给定的一组条件下只有一个可能的结果。既然先决条件决定了之后的结果，任何时候只要两组先决条件完全相同，就会出现同样的结果。为此，如果决定论正确，高尔夫球手在那种情况下不可能击球入洞。给定那些精确的条件，完全一样的挥杆动作，草坪上草的长度相同，球杆条件相同，风速也相同，等等，球不入洞是不可避免的。

丹尼特则主张，这不是我们对因果性与可能性之间关系的日常理解（FE，pp. 75–77）。当我们问一个已发生的事件是否可能不发生时，我们不关心它在完全相同的情况下是否可能不发生。原因只有一个，我们不可能两次处在完全相同的情境下：我们对新信息的敏感性以及我们的记忆使这样的情况不可能发生（ER，p. 137）。正因为如此，我们通常感兴趣的是，找出在过往事件中发挥作用的不变（invariant）原因。这是因为，我们需要未来能够使用的信息，也就是投射（projectible）信息（FE，p. 82）。要发现不变原因的投射信息，唯一的方法就是改变部分初始条件。例如，为了确定高尔夫球手是否能击球入洞，我们必须改变某些变量，以便揭示与成功击球因果相关的不变因素。这种改变与工程师改进计算机的程序设计时所做的改变属于同一类。而且，相对于初始条件的调整，结果不一定是不可避免的：比如，如果条件略有不同，球手也有可能会击球入洞。

在丹尼特看来，不相容论者对决定论的第二个理解错误与他们的假设——决定论蕴含着我们的特征是固定不变的——有关（FE，pp. 89–90）。尽管决定论可能意味着我们的未来是固定不变的，但这并不意味着我们的特征也是固定不变的。一个人注定可以时常改变个人特征。例如，某些计算机程序能够进行学习，因此它们可以时常变换应答方式。丹尼特主张，如果人类也是这样的系统，那么对人而言，未来必定呈现出开放性。不相容论者就这一点对丹尼特提出了质疑。他们主张，看似开放的未来和真正开放的未来是两回事。不相容论者认为，如果人类是决定论系统，尽管我们的未来看起来是开放的，但它们并不是真的开放的。我们没有真正的选择权，没有自我完善的空间。像拉普拉斯妖（Laplace's demon）[4]那样的全知智者，早在人类出现之前就已经知道了宇宙的全部状态，它能预测每个存在过的人所做出的每个决定。

丹尼特回应道，与自由意志问题有关的那种可能性是主体的（subjective）或认识的（epistemic）可能性（ER, pp. 113, 122, 125–126, 147–148; FE, pp. 91, 93）。与行动者做决定有关的可能性就是对行动者所知的一切而言，什么是可能的，而不是什么是真正可能的，既然没有哪个行动者能够确切知道未来会怎样，那么未来对每个行动者都呈现出主体开放性。

每个认知系统都具有丹尼特所谓的"认识界限"（epistemic horizon）（FE, p. 91）：它不可能了解所居世界的每一件事情。这不只是记忆、感觉能力和计算能力产生的或然限制（contingent limitation）；它还是逻辑局限性（logical limit），限制着认知系统对自己状态和未来行为的认识（BS, pp. 254–255; ER, p. 112; FE, p. 91）。假设某个认知系统，比如一个人，试图通过确定他当前的准确状态预测自己下一步的行动。如果不改变系统所处的状态，这是做不到的：要了解系统处于什么状态，它必须获得该信息，因而也就改变了它的状态。这种不可避免的改变潜在地证伪了基于所得信息做出的预测。还可以考虑下面的可能性：另一个人确定了你当前的状态并预测你将会做什么。问题是，你能够利用这个预测的唯一方式就是被告知这个预测，而这不可避免地改变了你的状态，也潜在地证伪了该预测。假如你被告知下午五点在联邦议会大街的拐角处会遭遇车祸，这就改变了你的信念，而这种改变也很可能证伪了之前的预测：你被新的信念所决定去避免下午五点出现在十字路口。

一般来说，任何认知系统，无论是人类这样的有限物质系统，还是拉普拉斯妖那样的全知系统，对自身当前状态和未来行为所采取的态度与对其他系统当前状态和未来行为所采取的态度不可能一样。无论我们是否已被决定，在需要计划自己的行动时，我们必须假定未来是开放的。我们无法在逻辑基础上准确预测自己的行为。总是存在一系列可能性，它们都与人们所能拥有的关于自身状态和未来行为的知识相容。与人类的自由问题相关的正是这一系列认识的可能性。因为不可能在逻辑基础上了解未来如何发展，所以我们必须以这样的方式行动，即未来好像是开放的，且在某种程度上是取决于我的。我们获得的信息，以及在此基础上做出的决定都是有意义的，能使认识的可能性变为现实，这是我们行动的基本假设。无论行为是否是决定的，情况都是这样（ER, p. 113）。

不相容论者可能会认为这远远不够。即使不可能了解未来如何发展，即使人们不得不从有限的认识立场做出决定，但事实上，这些决定仍是不可避免的，无论决定者是否知晓。实际上，未来与我们的所知无关，它是封闭的。也许吧，不过丹尼特主张，这与决定论无关（ER, pp. 121 – 122；FE, p. 93）。如果未来将会发生某件事，这是确定的，那任何人都无法阻止。不管决定论是真是假，人们都对将会发生的事无能为力。人们只能根据其注定不完美的知识状态，对他们认为可能会发生的事采取行动（ER, pp. 124 – 126）。既然这是任何认识系统在面对自身的未来行为时，不可避免会处于的立场，那它就必须将未来视为开放的，并将其行为视为某种程度上可控的。可能性的认识论意义才是与人类的自由问题相关的意义。即使是决定论认知系统，也不得不将未来看作一系列不同的可能性，自己有能力将某种可能性变成现实。

人类这样的真正认知系统在进行筹划时会使用不可避免性及可能性、因果性等相关概念，对这些概念的不相容论理解既没有也不能反映这些概念在使用过程中的日常意义。系统不可能知道自己的未来，他们必须从过去提取有用信息以帮助自己做决定——决定哪个认识上开放的未来会变为现实。这些正是进化过程为人类和其他动物筛选出的技能。丹尼特认为，我们是自我-再设计者（self-redesigners）（DDI，p. 70）：我们从过去的经验中学习如何进行自我-再设计，以使自己能将所设想的认识上可能的、所期望的那个未来变为现实。正因为如此，是否存在某事是我们不可避免的，这个问题就只在设计层面有意义：它是工程师的问题。既然我们能进行自我-再设计，去更好地实现我们期待的未来，那么从设计立场看，我们的行为就不是不可避免的。

丹尼特认为，在奥斯汀的高尔夫球手这类不相容论思想实验中，发挥作用的不可避免性的意义是一种非正常的意义。它包含某种范畴错误：把设计层面的概念错误地运用到了物理层面，而在物理层面，谈论改善设计，以便使想要的认识可能性变为现实，这个问题没有意义。我们对奥斯汀例子的两个版本进行比较，这一点就比较清楚了。如上所述，高尔夫球手竭尽全力击球入洞却没有成功。在这种情况下，说击球失误是不可避免的至少表面上看没错。设想一个高尔夫球手状态不佳、粗心大意的情况。假设他喝得醉醺醺的，根本没有注意击球的姿态和挥杆动作等。在这种情况下，说击球失误不是不可避免的就是正确的：我们想说，如果高尔夫球手休息得很好，并且集中精力在他的击球姿态和挥杆动作上，他就能够击球入洞。为什么我们对两个例子的直觉有所不同？根据不相容论者的观点，这两个例子不存在什么相关差别。如果决定论正确，击球失误在哪个例子中都是不可避免的；如果决定论错误，击球失误在哪个例子中都是可避免的。丹尼特的观点——可避免性问题是设计层面的问题——能使我们更好地理解上述直觉的变化。在第一个例子中，击球失误看似不可避免，因为没有自我—再设计的余地：球手已经处于最佳状态。在第二个例子中，击球失误看似可以避免，因为有自我—再设计的余地：球手状态不佳。

在完全相同的物理条件下是否可能出现不同结果,这个问题在丹尼特看来是一种"懒惰的形而上学好奇"(idle metaphysical curiosity, FE, p. 94),与人类行为是否不可避免无关。与人类行为是否是自由的这个问题相关的不可避免性关注的是,我们是否有能力根据过往经验的投射知识避免某些认识的可能性。很明显,在这个意义上,多数人类行为都不是不可避免的。

驳斥不相容论

自由意志论

丹尼特已经甄别出一种与决定论相容的自由意志。不仅如此,他还主张这种自由意志就是我们通常说"自由意志"时所意味的东西,或者说,是最低程度上值得拥有的自由意志。那么,还存在其他值得拥有的自由意志类型吗?自由意志论者认为存在。

一种观点认为,我们真正想要拥有的自由意志包含"行动者因果"(agent causation)的概念(Chisholm, 1982)。行动者因果论的观点如下,是行动者直接引起(cause)事件,而不是因为处于任何特定状态。不是你对啤酒的意愿以及认为冰箱里有啤酒的信念,而是你,最终引起了打开冰箱的事件。丹尼特驳斥了上述观点(ER, p. 76; FE, p. 100)。他认为,这是不可思议的:如果不是你当时的信念和意愿,还有什么能解释你为什么决定打开冰箱呢?在丹尼特看来,诉诸行动者因果,就是诉诸某个超自然的"不动的驱动者"(unmoved mover),与关于世界的科学知识是不相容的。

丹尼特对另一种自由意志论抱有更多同情(FE, chapter 4)。在凯恩(Kane, 1996)等非决定论者看来,我们真正想要的自由意志包含

"做决定"的桥段，它不能被心—脑状态所决定。对凯恩来说，这其中并不包括任何"幽灵般"的东西。根据量子力学，在亚原子粒子层面，自然过程是不可还原的非决定论过程：先前状态不能决定后续状态；相反，它们只是使某些后续状态比其他状态更可能发生。根据一种颇具影响的量子力学解释，运气或机遇内嵌于宇宙结构之中。凯恩主张，要理解作为道德责任判断之基础的自由意志，我们的依据只能是，在做决定的过程中，心—脑中非决定的量子过程得到放大，在宏观层面产生了影响。否则，"责任不可能止于"行动者，因为任何决定都可以归咎于一个决定着决定、行动者不能控制的因果链。

凯恩赞同丹尼特的主张，认为在许多情境下，即使人们不能以其他方式行动，他们也依然负有责任。例如，丹尼特经常借用马丁·路德（Martin Luther）的例子捍卫他的观点——道德责任并不需要以其他方式行动的能力，因而它与决定论是相容的（ER, p. 133）。当马丁·路德被要求放弃所谓的异端学说时，他拒绝了，并说了那句著名的话"这是我的立场；我别无选择"。丹尼特指出，马丁·路德的声明并不是在试图逃避责任。他把这个事例看成是自由行动的范例，这样的自由既保证了道德责任的归属，同时又是被决定的。事实上，丹尼特主张，马丁·路德负有责任，因为他的行为以正确的方式由一个理性的深思熟虑的过程所决定。根据这种观点，当我们需要做艰难选择时，我们会有意识地采取以下策略，也就是在合适的时间，安排自己被决定去做正确的事，由此产生的被决定行为，我们对其负有责任。

凯恩同意，大多数人类负有道德责任的行为都是以此方式被决定的。然而，他主张，如果产生这些决定行为的全部推理或做决定的过程都由先前事件决定，那么没有哪种道德责任的归属能得到保证。如果行动者的全部推理和做决定的过程最终都由行动者不能控制的事件决定，[5]那他就不能对由推理和做决定的过程所产生的行为负责。在凯恩看来，行动者负有责任的行为由以产生的事件链，必须从某个不受先前事件决定的事件开始。

凯恩称这一推理的回退终止（regress-stopping）情节为"自我塑造行为"（self-forming actions，Kane）（1996，p. 78）。当人们面对布利丹驴问题时——布利丹驴是只虚构的驴，它到食物和水的距离相同，最后在优柔寡断中死去——只在极少数情况下，相互冲突的意愿可以得到很好的平衡（ER，p. 69n；FE，p. 125）。在这类情境中，走哪条路都有令人信服的理由，因此，随机因素就十分有用：抛硬币是个合理的选择。根据凯恩的观点，心—脑中发生的抛硬币就是真正随机的量子现象被放大，产生了宏观层面的影响。一个人被决定去做出的那些决定，像路德拒绝放弃自己的信仰，只有能追溯到非决定的自我塑造行为时才是自由的，才能确保责任的存在。

丹尼特对凯恩观点的驳斥简单明了。如果我们绝不可能分辨出某种自我塑造行为是真正随机的，抑或仅仅只是伪随机的（pseudo-random），那么追溯个人行为的自我塑造行为起源有什么重要的呢？对完全的决定论系统来说，模仿随机过程也是可能的。计算机操作依赖于由伪随机数字生成器产生的随机数字。这是完全的决定论程序：它们并不利用任何来自真正随机现象的信息。然而，对所有的实践性目的来说，它们产生的数字是随机的，也就是无模式的（patternless）。因为它们所利用的信息尽管是被决定的，却与计算机的功能——计算机使用随机数字所实现的功能——无关。[6] 如果大脑用这种伪随机过程刺激自我生成动机性冲动，那么我们能区分这种伪自我塑造（psedo-self-forming）行为与凯恩的真正非决定自我塑造行为吗？

很明显，人们无法区分哪个决定是与伪随机自我塑造行为相对立的、真正随机的决定。人们不能区分，他们脑中的某个事件是否是某个量子现象通过内省得到增强的结果。脑神经成像技术绝不可能具备这样的能力，将某个大脑状态追溯至一个亚原子量子事件。但如果确保道德责任的归属依赖于某个行为，该行为可追溯至某种真正随机而非伪随机的自我塑造行为，那么，根据凯恩的理论，我们从不曾了解这些得到确保的道德责任的归属，我们也不会了解，除非极不可能实现的神经成像技术变成了现实。在丹尼特看来，凯恩的理论因此成了谬论（FE，pp. 127，131）。[7]

丹尼特对凯恩的动机做了以下分析。凯恩的动力来自在达尔文世界里毫无立足之地的本质主义假设（FE，pp. 126-127）。本质主义（essentialism）的观点如下：实体，比如哺乳动物或某些事件，像确保道德责任归属的自由决定这样的事件，都具有本质：实体或事件为了成为某类实体或事件所必须具有的属性。借用丹尼特的例子，某人可能声称哺乳动物具有以下本质属性：每个哺乳动物都必须以哺乳动物为父母（ER，pp. 84-85）。如果这个说法正确，那就不存在哺乳动物了，因为进化论显示，有一段时间，地球上并不存在哺乳动物，如果是这样，那就不可能有任何动物以哺乳动物为父母，因此也就不可能存在哺乳动物。这个难题很好解决，只要我们承认大部分物种之间的边界都比较模糊就可以了。不存在"第一只哺乳动物"（Prime Mammal）（FE，pp. 126-127）；非哺乳动物通过各种中间的、准哺乳动物形式逐渐演化成哺乳动物。这是达尔文进化论所暗含的一种进化观。与此类似，丹尼特主张，不存在使回退停止的那个自我塑造行为，作为人的一生中所有自由和责任的源头。我们从无需对事件负责任，经过童年和青春期各种中间的、准责任形式，逐渐演化成必须对事件负责任的状态（FE，pp. 135-136）。

强决定论

丹尼特对这种不相容论立场的批评与他对前一种不相容论立场的批评相同：在他看来，正如自由意志论者未能令人信服地证明自由意志与决定论不相容一样，强决定论也未能证明自由意志只是一种幻觉。当代怀疑论质疑有意识的意志所具有的效力，其主要的思想来源是一系列反直觉观点,这些观点将主体的大脑活动与他们对意识决定的报告联系在一起。大脑活动中存在一种非常稳定的动作电位,也就是众所周知的准备电位(readiness potential),它出现在自主动作之前。认知神经科学家本杰明·李贝特(Benjamin Libet)设计了一项实验,用于标定大脑中主体触发行动的意识决定,相对于始终出现于行动之前的准备电位的时间点(Libet,1999,p. 49;FE,pp. 227 - 229)。他要求被试盯着一只钟表——钟表带有一个不停旋转的"点"可以指示时间,被试需要做出决定,同时弯曲自己的手腕,他们还要指出,当他们做出有意识的决定时,钟表上的点在什么位置。李贝特发现,被试报告他们做出决定的时间晚于准备电位开始的时间,弯曲手腕的动作在多达半秒之前就已经开始了——这在神经科学中已经是相当长的时间。李贝特从这项研究中得出如下结论:有意识的意志不能触发行动。行动由脑中的无意识过程触发,并且大大早于我们对它们的意识,有意识的意志最多有十分之一秒的时间调整大脑已经触发的行动(FE,pp. 229 - 231)。尽管这并不等于说有意识的意志完全是幻觉,但它确实属于一种强决定论立场。至少可以说,有意识的意志对于行动触发的作用比我们所认为的要小得多。

丹尼特必须对上述证据另做解释。他调和科学与常识形象的工作需要阐明,有意识的意志如何在这样的证据面前仍然具有效力。丹尼特的意识自我理论已经埋下了回应的伏笔。在他看来,正是因为中了意识心灵的笛卡尔剧场模型的圈套,人们才会认为李贝特的证据能够表明有意识的意志不具有效力(FE,p. 244)。换言之,它错误地将存在于行动者与其环境之间的常识界限运用于大脑的内部过程。在第三章中,我讨论过丹尼特的主张,即笛卡尔剧场是此类范畴错误的产物:当描述正常时间尺度中的人时,可观察事件与不可观察事件之间的差别是有意义的,但这些差别被错误地用于描述短暂时间尺度中大脑的内部过程。李贝特关于有意识的意志不具有效力的结论就犯了相似的错误。丹尼特在《自由的进化》(*Freedom Evolves*,2003)一书中反复指出,如果你让自我变得足够小，你就可以具化（externalize）任何东西（FE，p. 122）。[8]李贝特的结论便是基于如下假设：自我必定是"点状的"（FE，p. 122n），即在时空中不可延展。鉴于有证据表明，大脑中的这个点状的自我（punctate self）无事可做，因而李贝特总结道，有意识的意志具有效力是个幻觉。但丹尼特主张，李贝特实验所表明的正是意识自我在时空中的延展：有意识的决定需要时间（FE，pp. 242，246）。

自由意志论和强决定论都假定，有意识的意志要成为实在的并具有效力，它必须存在于大脑内部某个特别限定的小时空区域中，丹尼特对这一假定提出了质疑。意识自我比行动之前发生的神经活动要"大"得多。正如我们在第四章所见，自我包含一个融贯的、自定义的叙事中所能够编入的全部活动。我们没有理由认为，某些直接发生于行动之前的、迅速无意识的事件，不能算作你做出的、你需要为之负责的决定。职业网球选手需要接住的球是以超过每小时100英里的速度飞行了75英尺①的发球。留给他们的反应时间不足半秒。这些反应是有意识的意志做出的吗（FE，p. 238）？根据李贝特的观点，答案是否定的，因为半秒钟只够用来产生准备电位。但职业网球选手确实要为自己的反应负责，而且在某种意义上，他们是有意识地做出这样的反应。只有我们承认意志在时间中的延展性时，这个难题才能迎刃而解。路德尽最大努力使自己成为这样一种人：面对挑战时注定要做正确的事，与他一样，网球选手将自己训练成"情境－反应机"（situation-action machines）（FE，p. 238），在网球比赛中注定要做出快速而娴熟的反应。这两个案例中的行动者都负有责任，不是因为有个点状的自我在行动之前几毫秒钟发号施令，而是因为行动被大脑的机制所决定，行动者在之前的训练和练习过程中，已经将这个大脑机制设计成以特定的方式做出反应。我们对自己的行为负责，不是因为我们有意识地参与了每个决定，而是因为我们

---

① 100英里约为161公里，75英尺约为23米。——译者注

有意识地训练了大脑，以至于大脑注定会在不同情境中自动以我们所希望的方式做出反应。

丹尼特的反驳具有独特的赖尔式风格。凯恩寻求具体的、可测定的、真正随机的自我塑造行为，因为他受到了误导，李贝特同样也受到了误导，想要寻求大脑中意识决定发生的精确时间的位置。在微观神经层面寻求有意识的意志就是犯了范畴错误。大脑中不存在具体的、可测定的有意识的意志。"有意识的意志"和"意识自我"这类范畴，不适用于描述大脑的某个部分在某个具体时间点上的微观活动，它们只能用于描述整个人的具有时空延展性的活动模式。要拥有具有效力的意志，以便触发需要意识自我负责的行为，就是要成为一个成熟的自我—再设计系统：一个受乔伊斯机器控制的系统，乔伊斯机器通过改变该系统，以便它能更好地追逐未来的目标，从而使系统能够对过往的信息做出灵活反应。这才是人类真正所是的那种系统，得好好感谢我们经历的那个独一无二又精彩绝伦的进化史。

具有道德重要性的自由意志的演化

从设计立场辨别出的相容论自由，从错误中学习，以便将来避免出现不想要的认识可能性的自由，是一种在哲学探讨中往往被忽视但非常重要的自由意志。然而，对具有道德重要性的自由意志来说，这还不够。因为，任何动物，如果能够预想多种未来的行动过程，并基于过往的经验从中做出选择，[9]在此意义上都是自由的。然而，我们并不认为非人动物应对它们的行为负道德责任。猎豹并不会因为猎杀瞪羚而被逮捕。既然人类以自由解释道德责任，那它所包含的内容就不仅仅是自我再设计的自由，以便对过去的失误做出反应，从而避免在未来出现不希望看到的认识上的可能性。

对道德责任与自由意志之关系的传统哲学理解认为，道德责任的判断取决于先前对自由的判断。也就是说，某人对我们所知的行为负有责任，其依据是他自由地选择实施该行为。传统观点认为，如果一个人不能以其他方式行动，那他就不必对行为负道德责任。这种对道德责任与自由意志之关系的理解在决定论看来是很成问题的。严格说来，对于行动者实施的所有行为，行动者都不能以其他方式行动。根据对道德责任与人类自由之关系的传统哲学理解，如果人是决定论行动者，那他们从未曾真正负有道德责任，因为他们从来都不能以其他方式行动。这就是丹尼特所说的"悄然脱罪幽灵"（the Spectre of Creeping Exculpation）（FE，p. 21）：看起来是这样，我们对人类行为的原因了解得越多，我们越是必须原谅道德过错。而丹尼特主张，对道德责任与人类自由之关系的传统哲学理解是错误的。

丹尼特跟随斯蒂芬·怀特（White，1991）提出，认为关于自由的判断优先于道德责任判断的传统观点颠倒了二者的关系（FE，p. 297）。丹尼特强调，不是道德责任判断以先在的关于自由的判断，或者说以其他方式行动的能力为基础，而是在我们有独立而充足的理由追究人们的责任的情况下，我们才会断定人们能以其他方式行动。行动者是否真正能够以其他方式行动并不重要。如果有独立而充足的理由追究行动者该为其行动所负的道德责任，那么行动者就必须被视为好像能够以其他方式行动。怀特主张，在理想的惩戒体系中，被惩戒者将惩戒视为具有正当性。正如丹尼特所说，事实上，被惩戒者对惩戒的态度是"谢谢，我需要受到惩罚"（FE，pp. 297，301）。换言之，无论人们是否能以其他方式行动，他们都承担了行动的责任，以便控制自己日后的行动。丹尼特认为，无论人们是否能以其他方式行动，这种承担责任的实践活动对与道德责任相关的自由意志来说至关重要（ER，p. 165；FE，p. 292）。借用丹尼特的术语，我们对自己或许无法完全掌控的行为承担责任，以便使自己"强大"（large），从而提升我们的自由，也就是未来对那类行为的控制。

因此，在道德责任的意义下，我们是否自由的问题在丹尼特看来就是，我们是否愿意从事承担责任进而使自身更加强大的实践活动的问题。在丹尼特看来，这个问题的答案显而易见。我们当然愿意承担责任。如果别人认为我们不能承担责任，缺乏理性自我控制的能力，我们就会丧失许多对人来说最宝贵的机会。正如丹尼特所述，"受谴责是我们为获得信任而付出的代价，在多数情况下我们乐意付出。我们付出高昂的代价，在某桩违法行为中被抓住后接受惩罚和公开羞辱，以此换取一个重新回到游戏中继续玩下去的机会"（FE，p. 292）①。因此，对丹尼特来说，附带道德责任的自由产生于我们的意愿，即参与承担责任的实践活动，为我们那些不可避免的失误负责的意愿，无论某个失误是否注定会发生。为了理解这种自由如何从人与非人动物共有的自我—再设计的简单自由中演化产生，我们必须理解，为什么人类的进化过程会选择承担责任的实践活动。

正如我们在第四章所见，丹尼特认为，成熟的文化学习能力是驱动人类进化的核心要素。与其他生物体不同，我们的进化依赖于通过文化学习获得技能、传承文明。但文化本质上依赖于合作。只有在老师愿意分享信息的情况下，初学者才能得到传授。诚实地分享信息本质上属于一种合作行为：一个诚实的传授者不顾他们狭隘的自身利益而将信息分享给他人，尽管保守秘密可以使他们比潜在的竞争对象更具竞争优势。这样的合作行为需要特殊的进化论解释。因为拒绝合作，或者用博弈论的术语来说就是"背叛"（defecting），正是生物学家约翰·梅纳德·史密斯（John Maynard-Smith）所说的"进化稳定策略"（evolutionarily stable strategy）（FE，p. 149）。在很多情形中，当背叛者与合作者相互作

---

① 译文引自丹尼尔·丹尼特著，辉格译，《自由的进化》，山西人民出版社，2014年，359—360页。

用时，背叛者胜。这是生物体之间多种相互作用形式的结构产生的结果。梅纳德·史密斯指出，生物体之间的相互作用往往具有一种结构，经济学家称这种结构为囚徒困境（prisoner's dilemma）。

在囚徒困境中，当其他成员相互合作而某个个体选择背叛时，背叛者便在相互作用中获得了最好的结果。在囚徒困境得以命名的那个经典案例中，检察官给两个被捕的同伙各提供一份协议。如果他们都拒绝配合检察官，从而形成了彼此间的合作，那检察官因为证据不足只能关押他们一年。如果一个人屈服了，坦白了罪行或者说背叛了他的同伙，而同伙却通过保持沉默试图合作，那么背叛者可以获得自由，但同伙会入狱十年。如果他们都屈服，都坦白了罪行或者说背叛了同伙，那他们会被各判五年。尽管总体来看，显然第一种选择是最好的——每人只获刑一年——但从每个囚徒的角度看，背叛却是最好的。如果另一个人合作，自己立刻就能获得自由，而不是像选择合作那样获刑一年。如果另一个人也背叛，那么自己只获刑五年，而不是像选择合作那样获刑十年。鉴于存在这样的结构，背叛就是很合理的选择。如果这就是生物体之间多种相互作用形式的结构，那么合作如何演化而来？

原始的合作形式，比如共生现象——共生导致了真核细胞的进化和昆虫的群居行为——表明，囚徒困境并不是不可避免的（FE, pp. 145, 150, 198）。丹尼特主张，承担责任的实践活动得以在人类中演化而来，是由于人类具有独一无二的合作形式，文化使这种合作形式成为可能。文化进化的第一个阶段产生了这样的实践活动，即通过惩罚强制成员遵守合作规范。正如波伊德（Robert Boyd）和理查森（Peter Richerson）指出（Boyd and Richerson, 1992），如果惩罚相当普遍，那么群体中就会出现集体遵守现象。因此，丹尼特认为，当人类祖先发明了各种机制来维持集体遵守——包括对遵守者的优待和对不遵守者的惩罚，他们就迈出了通向文化的第一步（FE, pp. 201 – 202）。

这样的情境很可能导致进化的"军备竞赛"（arms race）。个体如果能假装遵守某些规范——比如假装对伴侣忠诚,当伴侣不在身边时,他们就会背叛并得到好处——这些个体将获得某些优势。不过这也将促使群体选择能够甄别伪装者的个体。结果,伪装者和甄别伪装者的能力呈现螺旋式上升。在这种情况下,那些既能抵御背叛的诱惑,又能遵守合作规范从而为自己赢得好名声的人将获得巨大的优势(FE, p. 204)。在丹尼特看来,这使与道德相关的人类自由的进化过程进入了下一个阶段。丹尼特在借鉴了弗兰克(Frank, 1988)的某些观点后提出,为了应对上述情境,我们的祖先进化出了对未来行为过程难以伪装的情绪符号式承诺。赢得合作和遵守规范的好名声,也就是赢得好人名声的最佳方式就是真正做个好人(FE, pp. 204 - 205)。做个好人的方法就是把自己变成不得不做好事的人:进行自我设计,当诱惑出现时,使自己能够可靠地抵制诱惑并做正确的事。而且,做到这一点的最佳方法就是发展出对特定行为过程的情绪承诺,从而克制对自我利益不分轻重的超理智追求,这样的追求将导致人们陷入囚徒困境(FE, p. 214)。

在丹尼特看来,我们通过内心长期的思想斗争来抵制诱惑(FE, pp. 210 - 211)。[10]因为我们知道,面对诱惑,在我们内心最动摇的时候,想不屈服很困难,[11]我们利用这一信息与我们的未来——那个不可避免受到诱惑的那个自我进行斗争。在这场斗争中,我们努力提出未来自我无法拒绝的理由:满载情绪的"胡萝卜"和"大棒",以阻止我们受到未来的诱惑。例如,能够产生极度羞愧感和负罪感的人可以利用这些情绪作为斗争的筹码:当诱惑出现的时候,未来不可避免会产生的羞愧感或负罪感帮助我们抵制了诱惑。此外,弗兰克将基于情绪且难以伪装的社会承诺符号作为赢得好名声的途径,这些符号在我们的个人生活中,作为行动过程的情绪承诺的副产品而得到了发展(FE, pp. 213 - 214)。因此,我们的祖先很可能进化出了这样的能力,即利用情绪使自我成为能够抵制绝大部分诱惑的个体的能力。因为在这样的环境中,既能抵制诱惑,又能努力履行合作承诺,从而为自己赢得好名声的人将得到青睐

(FE, pp. 214 – 215)。

根据丹尼特的看法，这样的能力包含着具有道德重要性的自由意志的成分。例如，内心长期的思想斗争包括一种自我—预言，它使未来的行为对行动者而言是不确定的（FE, pp. 211 – 212）。设想一个酒鬼与那个未来受到诱惑的自己进行思想斗争。[12]酒鬼预想到自己很可能会在某些情况下经不起诱惑，这个预想使他对未来的自己提出了新的动机，目的旨在避免被诱惑，从而证伪他的预想。这就是前面所讨论的动力学，它使任何认知系统的未来行为对其自身来说都是不可预测的：任何预言都会改变系统的状态，因此潜在地证明预言是假的。这种动力学使行动者的未来行为变得不可预测，无论它是否是被物理决定的（FE, p. 211）。此外，一旦人类祖先的情绪承诺能力得以发展，他们就能进行马丁·路德式的自我—设计，丹尼特认为，这种自我设计正是道德责任的基础。正如马丁·路德将自己训练成别无选择的人一样，我们的祖先进化出了情绪承诺能力，以确保能够抵制未来的诱惑。丹尼特认为，与道德责任的传统理解相反，决定论实际上阐释了我们作为道德行动者的地位：一个道德行动者能够使自己被决定去做正确的事（FE, pp. 216 – 217）。

为了实现这个目标，人类祖先必须发展成熟的自我监管和自我控制能力。这些能力要求我们能够预测未来可能会实施的行为，并采取一些措施，防止某些行为发生，同时促成另一些行为发生。但成熟的自我预测和自我控制在我们这些拥有复杂神经控制系统的生物身上几乎是不可能实现的。我们如何才能让复杂的大脑完成那样的工作？根据丹尼特的观点，对人类祖先而言，要实现成熟的自我预测和自我控制，最关键的创新点是进化出成熟的交流能力（FE, pp. 248 – 249）。

成熟的语言系统催生了询问原因和给予回答的活动，这项活动一方面要求我们把握自己的动机，另一方面提供了现成的范畴以归类动机状态，从而使把握动机的任务得到了简化。丹尼特将其视为"非遗忘性"（non-obliviousness）（FE, p. 250）的来源，非遗忘性指的就是承担责任的实践活动所依赖的成熟的自我认知和自我控制。儿童时常询问做事的原因,他们由此激发了上述活动,这比有证据支持的自我认知和理性产生的时间要早得多(FE, pp. 251, 273, 277)。承担责任的活动就发端于此。为了能够进行有效的交流,也就是说,为了能有效地询问原因或给予回答,我们必须从一开始就受到教育,要为我们最初无法控制的事件负责任。我们必须学习如何使自己比现在"更强大"。我们被赋予责任,以便我们学会承担责任。根据丹尼特的观点,道德责任所基于的那种独特的自由意志,正是人类独特的文化适应形式所具有的一项功能:"我们的自主性不依赖于任何超自然的因果悬架①,而是依赖于完善的教育过程和知识的相互分享"(FE, p. 287)。

自由的结束语及未来的路

哲学家对人类自由问题的传统理解在丹尼特看来是"一种无聊的形而上学好奇"(FE, p. 94)。它从对不可避免性、可能性及因果性的不相容论异常理解中产生。丹尼特认为,任何能够进行成熟的自我—再设计的认知系统都是自由的,无论它是不是被决定的。对丹尼特来说,自由与对未来行为的控制有关,而控制与*知识*有关。我们对决定自身行为的原因知道得越多,对未来行为的控制就越多,我们也就越自由。在丹尼特看来,毫无疑问,人类在过去大约一个世纪里已经变得更加自由了,这很大程度上是由于我们获得了更多有关自然的知识并对自然实施了控制。在此意义下,显然我们变得更加自由了,而且我们的自由并不依赖于回答那个形而上学的问题,即我们的行为最终是否是被决定的

---

① 超自然的因果悬架,指不受物理定律影响、像悬浮在空中的吊挂那样的超自然因果力。——译者注

（FE, p. 296）。对丹尼特来说，人类自由的最大威胁不是形而上学。自由依赖知识，依赖承担责任的游戏，对自由的这些来源构成最大威胁的是政治因素（FE, pp. 292, 295, 305）。

以上就是我对丹尼特所提出的解决调和问题三个方面的综述。在第一章，我描述了丹尼特的研究纲领，它试图表明以下两项陈述如何成为事实：(1) 人是有意识、有思维、有自由且负责任的行动者；(2) 人类是纯粹的进化产物，由简单的生物化学成分组成，排列为复杂的自我维持结构。二至五章对丹尼特的主张进行了综述。进化的产物注定是意向系统，因而在丹尼特看来，也注定是信念者。人类在独一无二的进化史中产生，合作、文化和成熟的交流在进化史中具有重要作用。进化将人类设计成能够运用成熟的语言进行交流，人的意识由此形成。这使得乔伊斯机器安装在了大脑的并行硬件上。这台虚拟机生成了意识自我：一个整合意识流的叙事重心。乔伊斯机器赋予人类一种自然界中无与伦比的能力：我们能够成熟而灵活地实现自我—再设计。我们的自由就存在于这项能力之中：它给予我们力量，使我们自己通过承担责任而变得更加强大，从而扩展我们的知识、增强我们的控制力。

在丹尼特的研究领域中，他的观点既有高度原创性又不失精妙。不过它带来的问题与它解答的问题一样多。下一章里，我们将着重探讨丹尼特理论中最具争议的两个假设。首先，我讨论他对达尔文自然选择理论的援引。该理论对他调和科学形象与常识形象的方法至关重要：简单系统无法用意向性、意识和自由意志这类常识概念进行描述，而他反复构想进化故事，就是为了说明，简单系统如何能逐渐进化为能够以常识概念进行描述的复杂系统。然而众所周知，达尔文的进化论是有争议的，丹尼特确信很有必要反驳各种批评之声，以便捍卫他的达尔文主义（DDI）。其次，我讨论丹尼特的概念——实在的模式。丹尼特追随他的老师吉尔伯特·赖尔提出了以下主张：由于人们误将常识概念运用在不适合的领域，因此科学形象和常识形象的调和问题在很大程度上被过分夸大了。像自我、意识、意志和意向性这样的常识概念，只能用于描述行为的整体模式——这些行为是整个生物体和个人所实施的，不能用于描述脑中瞬时发生的微观事件。不过，这一主张引发了高阶模式是否具有实在性（reality）的问题。当然，真正解释行为的实际因果事件涉及在微观层面发生的神经和物理事件。利用常识概念追踪高阶模式或许有益，但在什么意义上这些高阶模式是实在的？

第六章 达尔文和生命游戏

导 语

达尔文主义是这样一种观点：大部分重要的生物学现象，包括人的心灵及其文化衍生物，都是某种自然选择的产物。自然选择是达尔文提出的一种机制，用以解释生物结构如何进化。活的生物体必须获取资源才能存活和繁衍。资源毕竟有限，这就不可避免地产生了竞争。生物体的变异也是不可避免的：物种间的差别显而易见，但物种内的变异也十分普遍，只是愈加细微。既然生物体彼此之间注定有所不同，那么一些个体就会比其他个体更擅长获取生存和繁衍所必需的资源。考虑到有限的资源注定会引发竞争，那些具有更为精良的资源获取装备的生物体将比其他生物体存活更久，产生更多后代。鉴于亲代会将基因编码的特性传递给子代，长此以往，擅长获取生存繁衍所需资源的生物体将成为主流。这就是适应论（adaptationism）——达尔文主义中最具争议的部分。

根据适应论，某些特定特性在生物群体中的普及乃是由于它们是适应性的，也就是说，它们在保障生存和繁衍所需的资源方面发挥着重要作用。这只是第一步。这样的显明设计（apparent design）必须根据自然选择机制来解释：适应论者必须解释，在塑造了早期群体特征的环境中，特定基因的差异化繁衍如何使适应特性在当前群体中广泛地分布开来。

丹尼特是达尔文适应论在当代的最杰出的捍卫者之一。正如我们所见，达尔文主义在丹尼特解决调和问题的过程中发挥着重要作用。他解释了不具有思维、意识和自由意志的简单系统如何可能在进化过程中产生出具有这些特征的复杂系统，由此说明物质系统如何可能具有思维、意识和自由意志。根据丹尼特的观点，我们具有思维能力，因为在我们进化历史中的某个节点上，祖先的卓越思维能力使他们在获取生存繁衍所需的资源方面比竞争者拥有更大优势。我们有意识，因为我们祖先所具有的卓越能力——通过文化传递习得自我刺激的习惯，进而控制脑中信息的流动——使他们比竞争者具有更大的优势。在关乎道德的意义上，我们的意志是自由的，因为祖先有卓越的能力去承担责任并承诺行动过程，这给予他们比竞争者更大的优势。

在丹尼特的理论中，达尔文主义还有其他重要作用。正如在第五章，我们探讨了丹尼特对凯恩非决定论的批评，这些探讨勾画出丹尼特的基本形而上学观：反本质主义（anti-essentialism）。它还揭示出他的哲学方法论：为了更易于与科学世界观相融合，丹尼特采取的策略是对传统常识概念进行重构，该策略类似于在进化过程中，自然之母（Mother Nature）对旧资源做出机会性重组，以使其具有新用途，丹尼特称该现象为"诱导转向"（bait and switch）（DDI, p. 214）。[1]毫不夸张地说，丹尼特的主张是20世纪达尔文原理在解决哲学问题方面最有雄心的运用。对他而言，自然界中一切智能和设计的出现——从最简单的病毒到最精妙的科学理论——都可以并且必须根据达尔文的原则来解释。丹尼特关于心灵和意义在自然界中的地位如何的理论，如果用一个词概括的话，"达尔文主义"很可能是最恰当的。

丹尼特热烈而无畏地拥护达尔文适应论，公然对抗当代对它的普遍怀疑。宗教对达尔文主义的抵制有目共睹；然而，它还遭到世俗学者甚至颇具影响力的生物学家的诋毁。丹尼特篇幅最大的著作《达尔文的危险思想》(*Darwin's Dangerous Idea*, 1995) 就致力于揭露怀疑者所列举的种种理由。接下来，我首先将丹尼特对达尔文主义的拥护置于他的整个工作背景下。在职业生涯早期，丹尼特解释心灵如何由物质系统构成时，最喜欢使用的工具是人工智能（AI）。然而随着学术工作的继续，达尔文生物学最终取代了AI的地位，尤其在1987年《意向立场》(*The Intentional Stance*) 出版之后。《达尔文的危险思想》中很大一部分内容都致力于揭示AI与达尔文生物学之间的密切关系。丹尼特主张，达尔文生物学像AI一样，基本上想要以非智能的算法程序解释智能。后面的两个部分，我简要评述反对达尔文主义的各种理由以及丹尼特的回应。最后，针对丹尼特将适应和意向性理解为从意向立场辨别出的实在的模式，我着重分析他面临的一个主要难题。大家担忧的是，设计和心灵仅是思考特定系统的有用方式，而不是自然界的真实特征。为了回应这种担忧，丹尼特集中探讨了名为"生命游戏"（game of life）的计算机模拟程序，从中得到了重要的启示——模式是实在的究竟意味着什么。

自然选择的机器人

正如我在第一、二章指出的，丹尼特与主流心灵哲学的根本分歧在于，原初/固有意向性与派生意向性的差别。语词、图片和储存在计算机存储器中的数值都具有某种意向性：它们代表或关涉某物。语词"cat"代表猫，计算机存储器中储存的一个数值可能代表一个学生的期末论文成绩。但这些都是派生意向性的明确实例。像语词、图片和计算机存储器这些人造物的意义是由作家、画家和程序员指派的。例如，我表格文件里的一个数值可能代表一个学生的成绩,这是由于我意图这样做,因此把那个意义赋予了该数值。数值的意向性从我的意图中派生而来。但我的意图也具有意向性:它以我所意图的方式表征世界,也就是说,使表格文件里的数值代表成绩。因此,我们可以对我的意图问同样的问题:我的意图的意向性从何而来?丹尼特主张,许多当代哲学家都坚信,人的意图以及其他心理状态的意向性并非从别处派生而来。人类思维的意向性是原初意向性,因为它并非从外物中派生而来,所以它是固有意向性(IS, p.288)。原初意向性与派生意向性的差别支撑着人们对人工智能可能性的正当怀疑。既然人造物只具有派生意向性,那么机器人或计算机就不可能成为真正拥有人类的思维。

丹尼特为机器人这样的人造物可能具有思维进行了辩护,他的方法是摧毁原初/固有意向性与派生意向性之间的所谓差别。在丹尼特看来,人类思维的意向性与人造物的意向性一样是派生的。他对人类思维的意向性如何派生的解释就像一个大熔炉,在这里,达尔文主义这个在丹尼特后期思想中占据重要地位的理论与人工智能融为一体。他大量借用了理查德·道金斯(Richard Dankins)对达尔文的基因中心解释理论(Dawkins, 1976),主张人类不过是演化机器人,人类心理状态的意向性从我们的"设计者",即自然选择过程中派生而来(IS, pp.295 – 298;DDI, pp.422 – 426)。根据道金斯的达尔文主义,生物体只是自然选择设计的生存机器,就像机械装置在从事某项工作:不断复制编码其结构的基因。

以这个观点为基础,丹尼特就所谓原初/固有意向性与派生意向性之间的差别问题得出了以下哲学结论。鉴于我们是自然选择"设计"的"自然机器人",在特定的环境中复制基因,则我们思维的意向性并非发源于我们自身;它从我们的"设计者"——自然选择那里派生而来。正因如此,人类思维的意向性和机器人那样的人造物一样,都不是原初的或固有的。因而人工智能也不存在原则性的理论障碍。机器人没有原初

/固有意向性，我们也没有。如果人类思维的意向性是派生的，而人仍具有真正的智能，那么机器人和其他人造物也能具有真正的智能。这个典型案例使我们窥见了丹尼特解决调和问题的一般方法。削弱了人的原初/固有意向性的神奇能力，同时充实了我们的纯机械、易于科学解释的形象：自然选择能够"设计"出像我们一样精巧而复杂的机器。

一旦丹尼特将人工智能与达尔文主义融为一体，二者的整合便会发挥出惊人的协同作用。丹尼特指出，达尔文根据无心智的自然选择过程解释自然中的设计，这是个"奇特的倒置推理"（strange inversion of reasoning）（DDI, p. 65），它对人工智能工作同样重要。达尔文主义和人工智能都试图根据非智能的、机械的算法过程解释显在的智能。

正如我们在第二章所见，人造物的功能可以在意向层面得到阐明。例如，当我们描述一台下棋计算机时，我们假定它知道象棋的规则，能看懂棋子的位置，想要击败对手，并且明白如何实现目标。但是，我们在第二章还看到，对丹尼特来说，意向性描述只是解释工作的开端：任何意向层面的描述都动用了智能借贷，我们必须偿还这笔贷款，方法是将智能拆解为无智能计算体的联合活动。在人工智能和认知科学里，智能借贷的偿还方法是阐明算法，也就是非智能物理机械能完成的、被分解为具体步骤的简单程序。例如，台式机的所有看似智能的能力，最终都由开关在代表二进制数字"1"和"0"的"开"和"关"之间飞速跳动来实现。

丹尼特指出，生物学中的达尔文理论以相同的方式做出解释。那些显然具备智能也就是良好设计的现象，是根据算法解释的，算法就是非智能物理机械能完成的、被分解为具体步骤的简单程序。例如，适应论对哺乳动物的眼睛描述如下，眼睛是为了将光线转换为神经信号而进行的精美设计，根据丹尼特这样的适应论描述构成了意向层面的描述，它动用了必须要偿还的智能借贷。在达尔文理论中，智能借贷的偿还依靠将设计工作拆解为几百万代的自然选择过程来实现，在这个过程中，有助于基因繁衍的创新性逐渐积累起来。正如人工智能系统中不存在掌控活动的智能小人一样，也不存在智能设计者去构建哺乳动物的眼睛或任何其他精美的生物设计结构。两种情境中的显在智能和设计都是从只能执行算法的短视机制中突现出来的。

在进化情境下，算法是自然选择，它基本上相当于以下规则：维持那些基因——它们产生的表型与其他表型相比能以最高的频率使基因得到繁衍。执行这个算法不需要智能，因为算法是被自动执行的。我们陈述的算法听起来相当空洞：更有利于繁衍的结构将在由繁衍结构组成的群体中占据主流地位。正如丹尼特所指出，在这个层面，自然选择算法类似于掷硬币大赛所遵从的规则（DDI, p. 53）。参赛者两人一组掷硬币猜结果。胜者再次两人一组，几轮过后最终只剩一人。该算法确保产生一个参赛者，他依次赢得了所有的比赛。相似的，自然选择确保产生由基因构建的生物体，它们依次在若干代生物繁衍大赛中都赢得了胜利，不过与掷硬币大赛不同，它们获胜不仅靠运气。因为自然界中能够繁衍的物种很多，但繁衍所需要的资源很缺乏，自然选择能够确保基因编码产生的生物体是最擅长繁衍的。这一事实使自然选择具有了意义，它解释了为什么自然选择能够产生具有良好设计的生物体。正如丹尼特所说，像自然选择这样的达尔文算法，与掷硬币大赛中靠运气淘汰参赛者的过程不同，它更像是技能大赛，获胜者不只是运气好，更是某方面的能手（DDI, p. 55）。

即使承认这一点，许多人仍然感到难以置信，像自然选择这样短视的算法执行过程，怎么能够创造这般的丰功伟绩以产生生命世界所具有的智能和设计。在丹尼特那样的达尔文主义者看来，简单算法连同它的复杂形式一起，不只创造了哺乳动物的眼睛和大脑这类精细结构，还创造了大脑进化之后的所有能力，包括人的智能和设计。

丹尼特的达尔文主义具有重要的启示意义：自然物与人造物之间的差别不复存在了。在丹尼特看来，这是从道金斯的达尔文主义得出的结论。我们是自然选择所"设计"的机器人(我们是由自然选择所"设计"的机器人构成的),因此,我们的设计物——人造物以及其他文化产物——最终也是自然选择的产物。正如我们在第四章所看到的,由模因传递的文化是现代人类"延伸表型"的一部分。因此,道金斯的达尔文主义使我们能够将自然物和人造物同时置于一个巨大的设计空间中,这个设计空间限定了所有可能的设计组合(DDI, pp. 135 – 144)。自然选择及其相关算法被视为探索该空间的机械流程,以便在可能的广阔设计空间中"发现"实际存在的设计。千百万年来,这些流程已经发现了变形虫、斑马、福特T型汽车、相对论,以及设计空间中其他无数的设计物。还有海量的东西尚未被发现,其中不计其数的设计物将永远不会被发现(DDI, pp. 135 – 144)。

达尔文主义的批评者对自然选择进化论这种野心勃勃的扩展表示反对。无智能过程怎么能为我们所知的最伟大的设计物负责?一般很难看出自然选择的算法变化如何能够解释设计空间中存在的那些复杂精细的设计物,丹尼特也同意这一点。不过,他充实了基本的达尔文算法中的大量细节,从而使该算法的能力得以显著增强。正如他所指出的,我们通常会提出这些细节,作为自然选择的替代说明,它对于解释一些特别精妙的设计案例十分必要。不过,它们与达尔文的基本思想完全一致,这一点没有改变(DDI, pp. 75 – 76)。丹尼特认为,这绝非偶然。达尔文思想不只是种理论;它更是种方法论准则,对任何显在智能设计的祛魅化解释都必须遵守该项准则。

如我们在之前的章节中所见,丹尼特在整个学术生涯中一直都强调,借助同等甚至更为智能的能力去解释智能行为或设计,这根本不是在解释。自然选择理论是这些非解释理论的绝对强有力替代理论。这是达尔文的核心见解。它表明,显在的智能设计如何从完全非智能的过程中突现。如果最简单的自然选择类型不能解释某些显在的智能设计,那我们必须寻找更复杂的类型,它保留着非智能选择机制可以生成显在智能设计的基本思想。

在丹尼特看来，渴求某种替代物就像渴求一个悬空挂钩（skyhook）：某种奇迹般的智能过程，它不需要实在的物理机制就能将简单系统提升至设计空间中的较高位置（DDI，p. 76）。①对悬空挂钩的渴求恰恰类似于对智能小人的设想，这正是丹尼特力谏认知科学家们要避免的东西。²没有得到物理解释的智能被当成未经解释的解释者。丹尼特主张，显在智能设计带来的挑战不能诉诸悬空挂钩，应诉诸更巧妙的"起重机"（cranes）：自然选择的变体能够将简单系统提升至设计空间，设计空间则以物理上可解释的、非智能的机械选择过程为基础（DDI，p. 75）。在进化生物学中使用"起重机"恰恰类似于人工智能将智力能力分解为更简单的亚能力，它们由智能越来越少的组件实现，直至这样一个层次，在那里完全非智能的物理机制就可以完成一切工作。《达尔文的危险思想》（1995）一书很大一部分都致力于探讨不同类型的起重机，丹尼特用它回应对达尔文主义的几种最主要挑战，包括生命如何从无机物中出现，能够灵活做出自我-再设计的心灵如何产生，以及文化如何形成。下面我将考查自然选择的这些细节。

在第二章，我们探讨了丹尼特解释复杂系统的方法——三种立场。丹尼特将人工智能与达尔文主义融为一体，这种做法看起来将三种立场中的两种：设计立场和意向立场进行了合并。在丹尼特早期著作中，他强调了各种立场间的差别：在设计层面，我们根据人们设计系统去做的事来预测和解释系统行为；在意向层面，我们根据最佳设计假设，即系统将做最合理的事，去预测和解释系统行为。然而在对达尔文主义的讨论中，丹尼特声称适应论假定生物体的特性被设计为执行特定的功能，这相当于对自然之母，也就是自然选择过程采用意向立场（IS，pp. 299 –

---

① "将简单系统提升至设计空间中的较高位置"的意思是，使简单系统具有较复杂的设计功能。——译者注

300；DDI，pp. 232 – 233；237）。意向立场与设计立场的结合是显而易见的。丹尼特的想法是，在我们对自然选择的产物比如动物器官采用设计立场之前，我们首先必须对创造这些产物的过程采用意向立场。我们必须明白自然之母的意图是什么。否则，我们就无法确定生物结构能做什么。这完全类似于将设计立场运用于人造物：为了了解某种人造物的设计功能，我们必须从意向立场觉察其设计者的意图（DDI，pp. 229 – 233）。

鉴于自然选择的工作方式，自然之母心中总是想着同一件事：提高各种复制因子，主要是基因的复制能力，当然最近在人类的文化环境中，还包括提高模因的复制能力。这恰恰就是道金斯推崇的视角：基因"视角"（1976）。当我们试图从这个视角理解表型设计时，我们必须要问，表型结构如何帮助编码它们的基因或其他复制因子繁衍。

该视角使我们能够解释自然界中看似不怎么样的设计。正如我们在第二章所见，对于丹尼特的主张——意向描述预设了合理性，斯蒂奇（Stich，1982，p. 52）提出了批评，他指出，动物的进化系统经常以不合理的方式行动，比如生性多疑。有可能成为捕猎者盘中餐的那些动物，不会等到有充足的科学证据才得出捕猎者可能就在身边的结论。但从基因的视角看，这种显然不是最佳的设计可能是完全合理的：为什么要浪费资源去构建一个遵守科学假设证实原则的神经系统呢？这不但没有必要，而且考虑到野外生存的时限性，它很可能还有害。如果基因的目的是提高自身的繁衍概率，那么能在需要时做出足够正确的选择，能够规避不必要风险的简易机制就是达到目的的有效方式。正如丹尼特借用弗朗西斯·克里克（Francis Crick）[①]的"进化比你更聪明"（DDI，p. 74）所要表达的，一般来说，看似不怎么样的设计如果从基因的视角

[①] 弗朗西斯·克里克（1916—2004），英国著名神经科学家，DNA 双螺旋结构的发现者之一，著有《惊人的假说》（*The Astonishing Hypothesis*）一书。——译者注

看，可能往往隐藏着最佳的合理策略。于是，对自然选择过程采用意向立场，即假定任何表型都是（接近于）解决具体环境下基因繁衍问题的最佳方案，揭示出许多我们意想不到的设计。

适应论假定表型特征被设计去执行某些功能，因而，它相当于对自然之母或自然选择采用了意向立场。我们采用该立场时归属给基因或其他复制因子的目的不为任何心灵所表征。用丹尼特的术语来说，它们是"自由漂浮的理由"（free floating rationales）（IS，p. 259）。这些理由是自然界中大部分显在智能活动和智能设计背后的原因。实际上，尽管相对于我们有意识去赞同的原因而言，许多人类行为可能看起来是非理性的，但相对于基因的自由漂浮的理由和基因选择过程而言，人类行为显然是合理的（FE，pp. 260–261）。自由漂浮的理由这一概念对丹尼特解决调和问题十分重要。基因以及掌控基因繁衍的过程都是完全非智能、无心灵的机制，正因为这样的机制也可以有做事的理由，尤其是构建生物结构的理由，心灵就可以被理解为大自然的设计产物。

不过，丹尼特借助自由漂浮的理由对适应性和意向状态所做的理解引发了一些问题：适应性和意向状态真的存在吗？自然选择被视为自然界全部意向性和设计，包括人类思维的终极来源。然而，要说有什么东西只具有"似"（as if）意向性或隐喻意向性，这个东西就是自然选择。自然选择绝对是个缺乏远见的机制，或者用道金斯的话说，是个"盲人钟表匠"（1986）。在什么意义下自然选择真正具有目标之类的东西呢？自然选择筛选出的基因具有自由漂浮的理由，如果这种说法仅仅是隐喻性的，那么所有源于自由漂浮的理由的意向状态，包括人的思维，也只能是隐喻性的。这是对丹尼特全部工作的一种最有影响力的批评，我们在第二章已经讨论过它的一个版本，即主张丹尼特不过是个工具主义者：意向性和设计对他来说只不过是有用的概念工具；它们不对应自然界的实在之物。正如我们在第二章所见，丹尼特对此进行了反驳，他认为，任何观点如果忽略了意向性和设计，都将错过自然界中实在的模式，因此，这些概念不只是有用的工具。在下文以及第七章中，我将探讨丹尼特的实在的模式概念，以便确定它是否能完成我们希望它完成的哲学任务。

为达尔文辩护（一）

对达尔文主义的批评至少有两种一般的策略。比较常见的策略集中于设计空间中某些特别精巧的设计物，并且认为自然选择永远不能产生这样的东西。第二种策略承认自然选择有可能形成许多生物现象，但认为现有的证据表明它还没有形成这些现象。我随后会讨论第二种策略。第一种策略是许多达尔文主义的非科学批判者偏爱的策略；当然也有不少著名的科学家沿着这条思路提出自己的看法。他们认为一些自然设计物的存在已经超出了自然选择的能力范围，其中包括：

1. 从非生物体中产生的最初生物体；
2. 群居昆虫与人类群体中同样存在的明显利他行为；
3. 人类的意识；
4. 人类的文化和道德。

他们断定这些现象已经超出了自然选择的能力范围，理由如下：（1）最初的生物体不可能由自然选择产生，因为生物体出现之前不存在基因或者遗传复制机制；（2）自然选择无法解释利他行为，因为利他者牺牲了必需的生存和繁衍资源，从长远来看，它们无法在群体中长期存在；（3）既然我们能够设想"僵尸"生物，它们的行为与有意识的人类相同，从而也能很好地适应环境，那么意识对生存和繁衍就没什么作用；（4）人类的文化和道德所推崇的行为，比如说禁欲或为他人牺牲生命，往往具有明显的反适应性。

达尔文本人和他的优秀继承者们预料到了这些批评，并对之进行了回应。基本的回应策略是提供对自然选择的精细化处理，使其既保留自然选择的核心思想——设计可被解释为非智能算法过程的产物——又超越最初的选择机制。用丹尼特的话说，要回应上述批评，我们需要建构更为精巧的起重机。例如，对某些利他形式做出达尔文主义解释，乃是达尔文主义的一大胜利，并得到了人们的广泛认可（Cronin，1991）。要理解利他现象如何可能存在，关键要采用道金斯推崇的基因中心视角。任何能够相对提高基因繁衍率的表型特征都将在群体中占据主流地位。

比如，根据汉密尔顿（William Hamilton）① 的"内含适应度"（inclusive fitness，1964）概念，某个体携带的基因通常也被其他个体携带，因此，当该个体为帮助携带同样基因的其他个体而牺牲自身的资源时，从基因中心视角看，其行为是适应性的。这支持了"亲缘选择"（kin-selection）概念：亲属间的相互帮助由基因编码，这样的基因之所以得到选择，是因为亲属往往携带同样的基因，所以帮助亲属也就帮助了自己的基因繁衍（DDI，p. 478）。最近有研究表明，互惠利他（reciprocal altruism）——在别人会帮助你的情况下你也会帮助他们——很可能在某些条件下，甚至在没有多少亲缘关系的个体之间也存在（DDI，p. 479）。

用丹尼特的术语来说，此类解释当属起重机的典范：对基本自然选择机制的精细阐述能够解释看似需要悬空挂钩的现象，而不违背达尔文的核心思想，即所有设计都可被解释为通过算法选择更有成效的复制因子得到的结果。我们已经讨论过，丹尼特试图自己建构起重机，以阐释其他那些所谓超出自然选择机制能力之外的现象。在第四章，我们探讨了他对人类意识之演化的阐释。第五章我们探讨了他对人类文化、自由和道德演化的阐释。这些起重机的核心部分均是一种新型复制因子——模因。

---

① 威廉·汉密尔顿（1939—2000），英国演化生物学家，从基因角度解释利他行为，提出了亲属选择理论。——译者注

我们已经看到，道金斯（Dawkins，1976）的模因概念在丹尼特这里发挥着重要作用。一旦出现了某些生物体，他们具有文化学习认知能力，也就是互相学习丹尼特所说的"好技巧"的能力，那么这些好技巧便也拥有了自身的生命力。思想或模因开始为控制人的大脑而相互竞争，就像基因为争夺复制所需的资源相互竞争一样。既然人的大脑和交流的媒介都很有限，并且模因控制人脑以及通过交流媒介进行传播的能力各不相同，因此，模因注定会出现差异化繁衍：某些模因比其他模因存活时间更长久，繁衍的后代更多。这些基于模因的演化机制用丹尼特的话说就是"文化起重机"（cranes of culture）（DDI，p. 335）。

因为大部分模因的传播途径即语言，可以通过串行言语式自我刺激控制脑中的信息流动，所以乔伊斯机器得以安装，并且产生了由我们称之为意识自我的那个叙事重心所掌控的自我概念。这就是对意识演化的解释：其适应性作用在于，通过一种言语式自律（self-discipline）解决了我们祖先可能面临的认知性自我—控制问题（CE）。

不仅如此，因为模因主要关心自身的繁衍，而非构建人类宿主的基因的繁衍，所以文化和道德现象，像禁欲和自我牺牲在人类群体中出现亦不足为奇。纵然许多受禁欲模因支配的个体无法通过交媾实现基因繁衍，禁欲模因仍然可以通过文化交流传播开来。纵然受自我牺牲模因支配的个体还未繁衍生物学后代便已死去，但自我牺牲模因同样可以通过文化交流传播开来。此外，我们在第五章已经看到，人类祖先的特定生态环境很可能青睐于这样一些模因，它们提倡遵守群体规范，抵制靠欺骗获取短期利益。人类的成功很大程度上归因于我们的合作能力，因为我们超越了导致囚徒困境的短视自利性。在这样的环境下，看似反适应性的自我牺牲模因和禁欲模因的传播也不足为奇了。丹尼特最近的著作《打破符咒：作为自然现象的宗教》（*Breaking the Spell*：*Religion as a Natural Phenomenon*，2006）就致力于根据特定模因得以选择和存留的原因，来解释人类群体特有的各种宗教传统和宗教仪式。

丹尼特还将大量精力用于探讨起重机，这些起重机能够解释最初的生命形式如何由非生物物质演化而来（DDI, pp. 155 – 163）。早期生命形式如何产生是达尔文主义面临的一个难题，因为自然选择预设了诸多设计物的存在，其中最重要的是基因建构和复制的基质（machinery）。该基质是生命世界的组成部分，因此，生命形式出现之前它是不存在的。但丹尼特赞同库佩尔（Küppers, 1990）和艾根（Eigen, 1992）的观点，主张在以基因为基础的生命形式产生之前，自然选择很可能作用于更为简单的结构，形成了一种"分子演化"（DDI, p. 155），最终诞生了 DNA 以及所有其他基质，当代生物形式正是依靠这些基质构建和复制基因。

于是，丹尼特及其他学者在达尔文基本思想的基础上做出了富有想象力的改变，他们构建了"起重机"，从而将有机体提升到了设计空间中，而达尔文机制的批评者们曾认为它做不到。现在，我转向达尔文主义的第二种批评策略：古尔德（Gould）及其同僚提出了一个著名的观点，无论自然选择是否能够产生大部分的生物现象，事实上现有的证据表明它还没有产生这些现象。

为达尔文辩护（二）

古尔德及其同僚主张，有相当关键的解剖学和古生物学证据表明，大部分重要的生物现象事实上都不是自然选择造就的（Gould and Eldredge, 1993; Gould and Lewontin, 1979; Gould and Vrba, 1981）。首先，达尔文主义对自然选择的青睐显然低估了一件事：从基因型到表型的发展过程中，隐性的物理或结构约束很大程度上限制着设计空间的哪个区域是可以通达的。其次，达尔文主义错误地认为，演化，尤其是物种的形成（speciation）[3]是适应性突变日积月累的结果。恰恰相反，化石记录显示，自然界的长期平衡状态会被剧烈的"骤变"（saltations）（DDI，pp. 285–289）或飞跃打断①，正是骤变和飞跃产生了新物种。

丹尼特并未对古尔德观点的主旨提出质疑；相反，他质疑这些观点的重要性，认为它们只是对达尔文主义的微小纠错。丹尼特所反对的是伴随古尔德的部分观点而逐渐高涨的颠覆性言论（DDI，p. 278）。这些言论使当代许多学者认为达尔文主义已经垮台。对古尔德观点的进一步研究表明，这些观点与达尔文主义完全契合，在许多情况下，它们还得到了达尔文主义者的明确支持。

现在思考一下第一个问题：进化发展的隐性结构约束可能极大地限制了自然选择通往设计空间的路径。古尔德与莱温汀（Lewontin，1979）对演化过程中的隐性约束做了非常好的类比，它就像威尼斯圣马可大教堂内用来支撑穹顶的多个对称排列的拱肩。这些被称为斗拱的拱肩看似是特意设计的。然而古尔德与莱温汀认为这是幻觉：它们实际上是"在圆拱上安装圆顶时必须存在的建筑学副产品"（DDI，p. 271）。在古尔德与莱温汀看来，许多生物学结构都类似于这种拱肩：尽管它们看似是设计物，其实只不过是生物体在面对无法回避的结构约束时产生的副产品。[4]

丹尼特主张，即使许多生物结构由"构建"生物体的隐性约束而不是自然选择过程产生，这也不能推翻达尔文的适应论（DDI，pp. 257–261）。适应论者的构想是，进化就是在具体环境中逐渐发现基因繁衍问题的解决方案。那些环境的物理特征显然制约着可能的解决方案。这些物理特征是一些物质或结构，它们都参与了基因型到表型的发展过程。只有当基因编码的表型能够成长为具有繁衍能力的成熟个体时，基因才能得以繁衍，因此，从达尔文理论的角度也可以预期，生物体需要对成

---

① 骤变说（saltationism）是一种生物进化理论，与达尔文进化论的"渐进说"相对，它主张生物的变异是"非偶然"且"非渐进"的。——译者注

长过程中必要的结构性特征有所适应。适应论者对此类结构性约束认识不足，从而导致他们高估了自然选择所能造就的设计种类，这是很有可能的。但正如丹尼特所说，"对这些约束的发现……是（好的）适应论解释不可或缺的组成部分"（DDI，p. 270）。事实上，正如丹尼特所主张的，如果不采用适应论理解，很难看出人们如何能够发现生物演化过程中的结构约束（DDI，p. 257）。要说明某个特性是演化过程中不可避免的副产品，而不是适应的产物，唯一的方法就是表明它是非适应的（non-adaptive）。但我们只有采用适应论解释才能做到这一点：我们在适应论基础上确定某个特性应当如何，然后表明实际的特性没有达到这个理想状态。

即使许多生物结构作为隐性结构约束的非功能性副产品出现，古尔德也承认，它们随后可被用于增强基因繁衍。这就是古尔德的"扩展适应"（exaptation）概念——使原本无功能或具有其他功能的结构派上新的用场（Gould and Vrba，1981）。但扩展适应对达尔文适应论来说几乎构不成什么障碍。丹尼特写道："根据正统达尔文主义，每种适应性都是扩展适应或……别的东西……如果你回看得足够远，你会发现，每种适应性都由更早的结构发展而来，这些结构或者具有其他用途，或者根本毫无用处"（DDI，p. 281）。丹尼特不厌其烦地指出，自然选择就是个机会主义修补匠，它能改装现有的材料，使其更有利于基因繁衍（CE，p. 175；DDI，pp. 225–226）。达尔文主义者不会声称所有的生物特性都是适应的（全适应论，panadaptationism），也不会主张所有当前的适应性最初都因其适应性功能而被选中（预适应论，preadaptationism，DDI，pp. 277–281）。因此，古尔德的主张用丹尼特的话形容就是"重组或复杂化，而非颠覆"（DDI，p. 278）。古尔德与达尔文主义者之间的分歧只在于他们对自然选择重要性的看法不同。然而，古尔德及其同僚的言辞却掩盖了这些相对适度的差异：许多人都认为他们的研究标志着达尔文主义的终结（DDI，p. 278）。

古尔德反对达尔文主义的另一个主要论证针对的是渐进说（gradualist）假设。自然选择以增量适应（incremental adaptations）的渐进积累来解释进化和物种的形成，增量适应是针对特定环境中与基因组繁衍相关的具体问题提出的最小解决方案。而古尔德指出，化石记录不支持这一假设（Gould and Eldredge，1993）。新物种形态不是通过若干中间形态逐渐取代旧物种形态，化石记录表明，长时间的平衡期或停滞期会被突然出现的新物种打断。

丹尼特对此的回应是，上述论证很大程度上犯了尺度混淆的错误。地质时标上的短暂一瞬可能足够长，足以产生渐进适应。化石记录的时间解析度（temporal resolution）就是这样的，如果不经历几百万年的积累，通过中间形态的渐进演化我们很可能是看不出来的。但这并不意味着渐进演化没有发生过。道金斯（1986，p. 242）利用斯特宾斯（Stebbins）的思想实验向我们展示，在一个持续了六万年的渐进演化过程中，一只老鼠大小的哺乳动物在长期面临选择压力下，体型不断增大，但相对于人的生命周期来说，这个变化我们察觉不到，最终它长成了大象那种体型的动物。六万年在地质学上只是短暂一瞬，因为它太短暂了，难以用确定化石记录年代的一般方法去度量（DDI，p. 292）。因此化石记录显示存在被骤变打断的平衡期，这一事实不会推翻达尔文的渐进说。

丹尼特指出，渐进说与道金斯称之为"恒定速率论"（constant speedism）的理论不同（DDI，p. 290；Dawkins，1986，p. 244）。演化可能通过突变的渐进积累而推进，但该过程可能在不同时期以不同速率发生。这并不违背达尔文主义；达尔文本人事实上也支持这种观点（Darwin，1959，p. 727）。我们有很好的达尔文式理由期望演化通过间断平衡（punctuated equilibria）推进。首先，物种的形成一定具备这样的结构，因为未能存活较长一段时期的生物，我们不会称其为一个物种。因此，新物种从旧物种中出现，必定表现为漫长平衡期的间断（DDI，p. 293）。而且，达尔文主义可以很好地解释这一现象。对一组成功的适应性所做的绝大多数改动可能都是反适应的。如果某种表型在某个特定岗位上干得非常出色，那么突变导致的任何随机改变都可能很快消失殆尽。自然选择往往是个保守的过程，将通常随机产生的变种之中能起作用的那一部分保留下来（DDI，p. 293）。只在极少的短暂时期内，选择压力变化得过于突然，以至于某些突变突然获得了优势，这时自然选择才会钟情于创新。

于是，在丹尼特看来，古尔德及其同僚的夸大其词并未驳倒达尔文主义。相反，他们对达尔文主义范式做出了重要贡献，因为他们指出，人们往往低估了隐性约束、扩展适应及间断平衡对演化的影响。但这些现象并不是无法与自然选择相容。事实上，丹尼特所指出，扩展适应和间断平衡可被理解为自然选择的必然结果。隐性约束只有在采纳默认假设——自然选择造就了表型，这些表型被设计成在特定环境中尽可能高效地繁衍基因型——的情况下才会被揭示出来。

实在的模式

丹尼特对达尔文主义的辩护实际上也是对他整个哲学体系的辩护，他的辩护依赖于一种相当具体且简单，但又相当有争议的提案。丹尼特从一开始就在捍卫这个提案，我们在第二章也做了分析。这个提案就是，无论多么简单的系统，只要能通过归属意向状态进行可靠而广泛的预测，就具有真正的意向性。换言之，任何系统，如果为其归属目标和获取外部信息的通道，进而使其拥有做事的理由，就可以令其行为具有意义，这样的系统就真正具有目标，能够获取外部信息，并且拥有做事的理由。这个提案展现了丹尼特对进化论与人工智能的结合，对生物学适应论的辩护，以及对常识形象和科学形象的非还原论调和。我们在二至五章已经看到，其他常识概念——意识、人格和自由——都根据各种意向状态来理解。因此，丹尼特处理调和问题的整体进路都依赖于以下观点：由于将意向状态归属于物理系统能够起到解释作用，所以像基因一样简单的机械物质系统也能够具有真正的意向性。

表面上看，这是个荒谬的观点。人类真正具有目标，能够获取信息，有做事的理由，而像恒温器这样的系统，为其归属意向状态仅仅只是因为某些时候这样做有用，人类与这样的系统有着天壤之别。丹尼特经常指出（BS, 9），人们更倾向于拟人论（anthropomorphism）——将人的特征投射到无生命现象上。他举了个特别极端的例子：一个电学家可能会说，闪电"想要"找到通往地面的最短路径（IS, p. 22）。在第二章我们看到，对丹尼特的一种常见批评是这样的，他将仅仅有用的、非原义的言说方式与真正的意向性混为一谈。这导致对丹尼特的工具主义指责，也就是，意向性这样的常识概念只是有用而已，与科学对世界的描述不同，意向性不对应于世界中的任何实在之物。

我们在第二章看到，消除这种担忧的一种方式是考虑一位假想的火星科学家，他拥有的计算能力比人类科学家强大得多。对这个火星科学家来说，人类看上去就像恒温器一样简单。火星人无须使用意向术语理解人的行为，因为他们可以简便地使用物理术语来理解。对某系统而言，如果拥有意向状态只是因为科学家发现为系统归属意向状态有用，那么对火星人而言，人类不具有意向状态。这是个大麻烦，不仅因为它潜在地剥夺了人的心灵，更主要的问题，它使拥有意向状态，因而拥有依赖于意向状态的心理现象，变成了依赖视角的（perspective-dependent）。根据这种观点，你、我或任何其他系统是否具有意向状态不是一个客观事实；它取决于谁在描述，以及出于什么目的描述。

丹尼特借助"实在的模式"概念对上述担忧做出了回应。不使用意向状态解释人类行为的科学家或思想家都将错过数据的实在的模式。意向性不在观察者眼中，因为无论人们是否选择采用意向立场观察意向系统，该系统的行为都遵循实在的模式。因此，丹尼特对工具主义指责的回应能否成功，依赖于实在的模式概念能否得到准确理解和辩护。这个问题具有决定性意义，因为工具主义指责直击丹尼特整个哲学体系的中心。丹尼特在一篇名为《实在的模式》（BC, pp. 95 - 120）的重要文章中提出了这个概念。

丹尼特借鉴算法信息论（algorithmic information theory, Chaitin, 1975）的工作，提出了实在的模式的如下定义。如果数据可以压缩（compress），数据中就存在实在的模式。考虑下面的"字节串"[5]：1010101010101010，假设你想告知某人，这是某个计算机程序的输出结果，你可以一字不差地发送这个字节串，你也可以将其概括为"'10'重复出现8次"。假设后一种描述可以用更少的字节编码，它就构成了数据的压缩。而随机字节串，像10111010110010001，就不能被压缩。根据丹尼特的说法，如果一组数据不能被压缩，那它就不具备实在的模式。

丹尼特根据这个定义为一种意向状态实在论进行了辩护。他认为，如果对某系统行为的物理层面描述可以用意向层面描述压缩，那么该系统就真正具有意向状态。以下棋计算机为例，让我们设想对计算机在棋局中经历的所有状态进行物理层面的描述，这将构成难以置信的一大组"原始"数据：每个电路中的每一次电位变化，每个按键，显示器的每个改变，从开局第一步到击败对方的最后一步都被记录下来，而这些数据中的重要内容可以用一种相对简单的意向描述来表达。例如，你可以说，程序认为你采用了王兵开局（king's gambit），它决定以佛克比尔反弃兵（Falkbeer counter gambit）开局①等。由于物理描述的数据可以通过归属意向状态进行压缩，所以意向状态使我们能够追踪到数据里实在的模式。我们已经看到，既然为人和其他生物体甚至基因与自然选择归属意向状态，能使我们更大程度地压缩数据，那么意向状态就揭示出了

---

① 王兵开局和佛克比尔反弃兵都是国际象棋的开局法。——译者注

所有这些现象中的实在的模式，因此在丹尼特看来，它们都可算作具有货真价实的意向性。

丹尼特提出的实在的模式定义意味着，真实的情形与观察者眼中的情形之间的差别，实际上是不存在的。实在的模式就存在于数据之中，只是从特定的视角才可见。实际上，同一物种的不同个体，比如说不同的个人，可以选择追踪同组数据中存在的不同实在的模式，这取决于他们的目的、能力和错误容忍度。

例如，当与计算机对弈时，你必须追踪它的意向行为模式。你将它看作一个试图击败你的个体，它预计你的反弃兵法以便做出应对等。不过我们在第二章也看到了，尽管这种意向立场假设使你节省了大量时间和精力，它却冒着不小的风险。计算机程序可能存在缺陷，或者它的硬件可能会出错，又或者程序可能设计不佳，无法应对特定的棋招。在这样的情况下，基于意向立场进行预估可能不会成功。在丹尼特看来，这表明从意向立场追踪到的实在的模式是有干扰的（noisy）：有时数据无法与模式相适合（BC, pp. 100 – 104）。不过意向模式仍然是实在的，因为意向立场假设仍然完成了令人印象深刻的数据压缩。一种意向描述连同一连串意想不到的错误和干扰，仍然可以对物理描述中的信息构成好的压缩。在与好的下棋程序对弈的情况下，即使冒着偶尔出错的风险，我们也值得采用意向立场实现信息压缩。

另一方面，如果你是一位程序员，要对同一局比赛中同一个下棋程序的表现做出评价，你可能也需要追踪同一组数据中不同的实在的模式。假定你感兴趣的是程序的不同副程序是否运行良好，那么你需要从设计立场追踪程序的行为。你不能把程序的运行看作试图赢得棋赛，而是看作正在运行你所编写的各种代码。该模式不及意向模式经济：因为你必须追踪计算机运行程序的全部算法细节，所以只有较少的信息被压缩。也正因为如此，它面临的风险也较小。意向立场中属于干扰物的行为与设计立场追踪到的模式相适合。例如，对某类棋招的非最佳应对相对于意向立场来说属于干扰物,但从设计立场可以预估:或许只是不值得包含一个副程序去处理如此罕见的棋招,因此,从程序或设计立场看,最佳应对不在预期模式之中。无论是风险更大却更经济的意向模式,还是风险较低但不太经济的设计模式,都是数据中真实存在的模式,追踪哪个模式取决于你的目的和能力。

借助名为生命游戏(Game of Life)① 的计算机模拟程序,丹尼特更深入也更形象地说明了这一点。生命游戏模拟的是一个非常简单的世界,一个《模拟世界》(SimWorld)那样的计算机游戏的极简版本。在丹尼特后期的学术思想中,生命游戏具有非常重要的作用。他用生命游戏解释实在的模式概念(BC,pp. 105-110),用它展示设计如何能在有规律的世界里出现(DDI,pp. 166-176),用它表明可避免性与决定论相容(FE,pp. 36-47)。丹尼特对生命游戏的哲学意义感到惊叹,他建议"每位学习哲学的学生都有义务熟悉和了解它……我们应当把它视为思想实验者工具箱里的必要工具,一台功能无比齐全的制造机,能造出重要的哲学案例和高度清晰而生动的思想实验"(BC,p. 105)。

生命游戏在一个像方格纸那样的二维坐标方格中进行。你可以在网络上找到一些生命游戏的复杂计算机版本。[6]这里我仅简要介绍游戏规则,用纸和笔就可以说明。[7]拿铅笔在一张方格纸上把任意几个方格涂黑。每个方格(除了在方格纸边缘的)有八个邻居,每个邻居可以有两种状态——黑或白。走到第一个方格并观察它的八个邻居。如果两个邻居是黑,方格保持原来的状态不变。如果有三个邻居是黑,方格必须变成黑。如果少于两个或多于三个邻居为黑,方格必须被涂白。对所有方格重复这一过程。遵守这些规则很可能会改变最初随机涂黑的方格的状态。继续以离散的步骤或次序将这一规则运用于所有方格,黑色方格的

---

① 生命游戏是英国数学家约翰·康威(John Conway)在1970年发明的细胞自动机。——译者注

模式将会发生变化。

这些简单规则是从最低层面即"物理立场"对生命游戏世界进行理解。当你把这些规则用于任何随机选择的黑色方格模式时，你都可以绝对精确地预测，从这个最初模式能够演化出什么样的未来模式序列。借用一个第五章讨论决定论时提到的术语，你玩生命游戏时具有了拉普拉斯妖的能力。你百分之百了解主宰生命世界物理状态的物理定律，因此你能预测未来的所有物理状态。然而丹尼特指出，如果你认为这就是生命世界所发生的一切，那你就错过了极其重要的实在的模式。正如火星科学家一样，他们完全依据主宰物质成分的定律去追踪人类的行为，因而错过了从意向立场才可见的实在的模式，如果你也将自己限定在生命世界最基本的底层规则之中，你也将错过只从更高层次的设计立场才可见的实在的模式。

考虑下列生命游戏盘上的黑格模式。

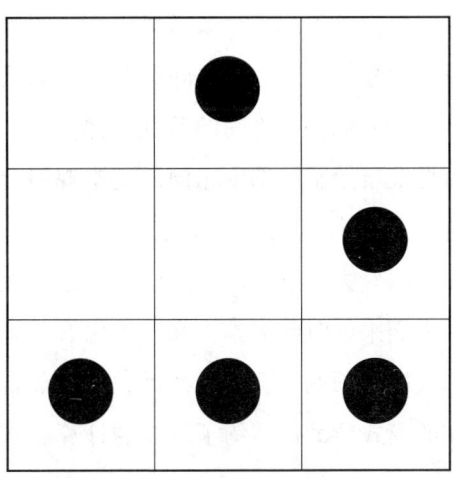

如果你对该模式运用规则，它将沿着坐标方格以四种模式依次变换。因此该模式被命名为"滑行机"（glider）。计算机模拟可以高速运行生命游戏的规则，这时，四种模式看上去就像是滑过坐标方格一样。效果既引人注目又激动人心。看过上述模式的几十代变化之后，我们很难不产生这样的印象——它正在穿越生命世界盘。但这个模式从最低层次的立场是看不到的，只能看到受基本规则控制的黑格和白格。在最低层次不存在运动。每个方格或黑或白，但没有哪个方格会移动。这以相当瞩目的方式引出了丹尼特的实在的模式问题。我们根据生命游戏的基本规则，把注意力集中在单个方格的黑和白之上，就可以从最低层次精确预测滑行机模式的发展变化。尽管如此，我们还是无法摆脱这样的印象，即如果只局限于这个层面的描述，我们就会错过某些非常重要的东西。滑行机是实在的，他们真的在滑动！

滑行机是生命游戏里最简单的存在物。研究人员已经发现了几百种高层次结构，它们都具有有趣的高层次特性，但在单个黑白方格的层面根据基本规则去看，我们是看不到这些高层次特性的。例如，能生成一系列滑行机的滑行枪、振荡器、静止物、宇宙飞船和蒸汽火车。[8]我们只能采用高层面立场才能识别这些高层次模式。

在丹尼特看来，依据基本规则将滑行机看作一组黑白方格，与将其看作滑过坐标方格的单独结构，二者之间的差别正如从物理立场描述人造物或生物体与从设计立场描述之间的差别一样。你在较低层次收获了精确性。因为生命游戏自始至终都由相同的基本规则所掌控，所以通过运用这些规则，你自始至终都必定会确切了解哪个方格为黑，哪个为白。但这是个相当费时费力的过程。如果坐标方格太大，那么计算每个方格的未来状态对人们来说时间成本太高。想想看，如果你把那样一个模式就当成滑行机，以此预测它会向下滑动，这能节省多少时间。丹尼特主张，追踪实在的模式帮助你节约了巨大的计算成本，你也因此获得了巨大的预测能力。

此外，正如对人造物与生物体采用设计立场时的情况一样，对生命游戏运用更高层次的能识别滑行机的立场也是存在风险的。设计立场假定人造物与生物体依照设计去行动，但该假定在不具备相应物理条件的情况下可能会失效。被锤子击打过的闹钟可能不会像设计好的那样响铃。相似地，如果滑行机"碰"到了其他黑格占据的区域，它可能会瓦解。你能预测滑行物自始至终朝一个方向滑动，前提是它没有遭遇其他黑格，如果遭遇了，你也可以运用生命世界的基本规则预测出滑行机将会瓦解。就像在现实生活中，产生于更高层次的期望因物理故障无法实现时，系统行为必须在更低层次的物理立场进行解释。

生命游戏也为意向立场描述提供了契机。丹尼特指出，研究人员已经证实，通用图灵机可以由生命世界中的存在物，包括滑行机、滑行枪及其他结构构建而成。我们在第四章看到，通用图灵机能够执行一切具体的算法程序。数字计算机可以运行下棋程序，因为它们近似于通用图灵机。因此，既然我们可以在生命世界里建构通用图灵机，我们也可以建构下棋程序。正如我们在第二章所见，根据丹尼特的看法，下棋程序是意向系统：我们可以对其采用意向立场，也就是说，将其视为想要击败我们，害怕我们开局占先，谋划反开局占先，等等。因此，生命游戏世界里的一些结构也可以算作意向系统。在生命游戏世界模拟下棋程序所需要的坐标方格将会无比巨大：丹尼特估计，如果用"开"和"关"的像素代替黑白方格，并且我们假设像素的分辨率达到了标准便携式计算机的水平，那么坐标方格的边长得达到一公里（DDI, pp. 171 – 173; FE, p. 49, fn. 3）。在现实世界里，我们无法通过将生命世界的基本规则用于这些像素的开和关来追踪这一巨型模式的演化。但意向立场描述将该结构视为努力赢得棋赛的棋手，从而使巨型坐标方格内同时发生的各种活动一下子变得可预测、可解释了。

在丹尼特看来，生物学中的适应论、心理学中的意向状态归属，还有日常生活中像自由、人格和意识这些常识概念的运用，恰恰都与生命世界中高层描述的运用类似。如果不利用滑行机和滑行枪这类概念，研究人员就不能证明通用图灵机可以在生命游戏世界里建构出来。同样地，如果生物学家不假定生物结构是适应性的，即被自然选择设计去促进为其编码的基因繁衍，那么他们就会错过同样必不可少的实在的模式。人和其他动物依据对自身世界的信念而实施了合理的行为，以便满足自身的愿望，如果心理学家不假定这一点，他们也将错过同样必不可少的实在的模式。人们根据有意思考的信念和意愿自由地决定行动过程，如果我们不接受这一点，我们也将错过同样必不可少的实在的模式。

152 丹尼特提出了一套颇有说服力的言辞，以实在的模式的精确定义为基础，为以下观点——从意向立场辨别的模式是实在的——进行了辩护。他是对的，人们如果只把人、生物体和人造物当作没有目标或不能获得信息的纯粹物理系统，那么，无论他们能否准确预测系统的行为，他们都会错过系统行为的实在的模式。然而，丹尼特的论证是否充分回应了对他的工具主义指责，这一点尚存疑问。丘奇兰德指出（Churchland, 1989, p. 126），许多错误的科学理论也追踪到了数据中实在的模式。当人们在开阔水域上航行时，通常最容易对行星和恒星采用地心说假设。假定地球是宇宙的中心，天体都围绕地球转动，这可以节省大量的时间和计算成本，同时追踪到一种实在的模式。要知道，根据太阳围绕地球转打赌太阳每天会升起，你照样会赚得盆满钵满。地心说的模式是实在的，但系统性地误导了我们。丘奇兰德抱怨道，针对在基因、生物体、人造物和人类行为中可辨别的意向模式，丹尼特没有提供任何理由去反对类似的结论。

我认为，丹尼特的观点有能力回应这个质疑。意向模式的基础是客观实在的、具体的物理现象：遵循自然选择定律的复制因子。只要这种物理结构存在，意向模式必定会出现。在最后一章，我将更加详尽地探讨对丹尼特的质疑和回应，以及其他一些问题。

第七章　丹尼特全局观：
问题与前景

导　语

我们在第一章看到，在最宽泛的意义上，丹尼特的工作是尝试调和美国哲学家威尔弗雷德·塞拉斯所说的人类的常识形象和科学形象。塞拉斯的问题是，"如果有一种全局性观点，能够同样注重与我们形成对峙的科学形象的价值，那么这种全局观能在多大程度上保留人类的常识形象？"（Sellars，1963，p.15）在结尾的这一章里，我为丹尼特的全局观抛出了这个问题。我尤其会简要说明各种反对意见——反对丹尼特调和人类的科学形象的常识形象的解决方案。大部分反对意见都在质疑，丹尼特的全局观能否保留人类的常识形象中最重要的部分。我也会讨论丹尼特思想中的其他潜在问题，以及如何对那些批评做出有说服力的回应。不过在此之前，我先介绍一下丹尼特的体系、核心假设、主旨及方法。

丹式体系

这节的标题感觉有点怪异。丹尼特经常受到这样的指责,说他不关注哲学体系的建构(Ross, 2000),他也乐于承认这一点。然而,我希望二至六章已经向读者表明,在丹尼特那散漫的探索式叙述风格之下,存在一个相当融贯且充满野心的哲学体系,其建立的基础是为数不多的几个清晰且应用广泛的形而上学和方法论原则。

丹尼特这样形容他的工作:

> 我的工作……就是要表明,对科学的标准化、一般化的尊重——以《时代周刊》为标准,没有比这更教条的了——如何势不可挡地形成了我关于意识、意向性和自由意志等的看法。我不是将科学视为无可置疑的理论基础,而是将其看作我哲学主张的自然同盟,我的哲学主张大部分哲学家和科学家都不会反对。我的"科学主义"是个一揽子交易:你认为自己可以既拥有日常科学知识,又因我的"行为主义"太过激进而拒斥它?请三思而行。(Dennett, 1993, p. 205)

这一小段引文囊括了我在前文中已经强调过的若干主题。他的目标很明确,就是要调和科学与意识、意向性和自由意志这类概念。他诉诸无争议的科学——《时代周刊》标准的科学,这样的科学"大部分哲学家和科学家都不会反对"。所以他的出发点是无争议的。不过,尽管许多哲学家接受他的出发点,但大多数人都拒绝接受他由此得出的结论。

在这段引文中,丹尼特承认,人们拒绝接受他的观点主要缘于对他的哲学"行为主义"持怀疑态度。他们是在危言耸听，因为尽管他的观点超出了传统哲学行为主义的范畴，但他不认为这就是错的。当然，这个术语的确标示着其思想的主要渊源，也就是他的老师吉尔伯特·赖尔（Gilbert Ryle）。我们在第一章看到，哲学或逻辑行为主义最基本的任务是试图依据公开可见的行为倾向分析常识概念。这项工作由赖尔及其他一些学者发起，他们都声称调和问题产生于常识概念的误用——将常识概念运用于它不属于的那个领域。常识概念适用于描述人和生物体实施的行为所具有的可见模式，不适用于描述隐藏在大脑中的因果机制。

尽管丹尼特并不赞同极端行为主义——所有常识概念都可以根据公开可见的行为倾向去定义——我们还是可以看出，他对一般的赖尔式进路抱有极大的同情。他分析了笛卡尔剧场的错误隐喻（CE，p. 17）及其在科学上的继承者——笛卡尔式唯物主义（CE，p. 107）的误导性，它们都产生于范畴错误：将已观察到的事件和尚未观察到的事件之间的区别错误地运用于个体神经系统过程中。一些哲学家和科学家将意识自我缩得非常"小"（FE，pp. 122，242），以至于它无法发起行动，这些学者也犯了类似的范畴错误：意识自我在应用于人的层面时才是有意义的，但它被误用于个体大脑的微观层面。总之，我们已经在之前的章节中看到，在丹尼特提出的调和问题解决方案中，用行为主义削弱常识概念起到了重要作用。如果常识概念主要用于描述人和生物体所实施行为的可见模式，而不是个体内部隐藏的因果机制，那么它们与科学形象的调和就会容易得多。无论科学如何阐释大脑的工作原理，我们的确始终都在实施行为的可见模式，运用常识概念，我们就可以追踪到这些模式。

然而，丹尼特在使用行为主义策略时比赖尔更谨慎。与传统哲学行为主义者不同，丹尼特的兴趣点不在于发挥日常概念的作用，而在于修正常识概念，使其更易于与科学形象进行整合。传统哲学行为主义者并不关心科学形象。另一方面，丹尼特使用新行为主义（*neo-behaviourist*）策略——根据行为的公开可见模式提出常识概念的修正主义（*revisionist*）

156 定义——调和常识形象和科学形象。意向系统概念有意清除了日常信念者概念中的迷惑之处，这些东西在丹尼特看来都与标准的科学知识相冲突。异现象学方法有意清除了现象中的迷惑之处，这些东西也与标准的科学知识相冲突。之后，丹尼特迈出了颇具争议的一步：如果你认可《时代周刊》标准的科学描述的东西就是世界上存在的东西，那么你必须坚信，应用于这些客观对象的常识概念可悉数由丹尼特提出的修正行为主义概念所取代。如果信念者存在，根据我们的科学知识，它们必定只能是意向系统。如果现象是实在的，根据我们的科学知识，它们必须通过异现象学方法才能被彻底把握。

这就是丹尼特式"诱导转向法"（bait and switch）（DDI, p. 214），一种受自然选择激发的策略。自然选择往往看似在解决一个难题，而这实际上是个假象，它解决的是其他更容易解决的问题。丹尼特提出要解决传统调和问题，方法则是发明更易于与科学形象相调和的概念代替常识概念。但在他看来，如果我们的核心假设是只存在标准的科学真理，那么这种务实的机会主义就是完全正当的。他的主张有条件限制：如果你接受标准科学，那这些就是唯一可行的常识概念。

丹尼特尊重标准科学，这样的方法论承诺使他时而含蓄、时而明确地支持若干形而上学核心假设。首先，我们在之前的章节中已经看到，智能不是未经解释的解释者。智能和设计只能依据非智能的机械算法过程去解释。大脑中没有智能小人的容身之处，演化过程中也不存在悬空挂钩。丹尼特对机械论的形而上学承诺与他对神秘主义的方法论厌恶并驾齐驱。二者共同解释了丹尼特为何关注人工智能和达尔文生物学，并将它们作为常识形象和科学形象之间的联结点。

157 丹尼特对机械论的承诺并不等于支持还原论。他的第二个核心形而上学假设是一种非还原论。在早期著作中丹尼特强调，他的观点不是还原论的。例如，他拒绝将意向现象等同于神经生理学或计算机制（BS, p. xix; IS, pp. 66–67）。这些早期观点看起来与他的后期学说有所矛盾。许多人认为，他过去十五年间出版的面向大众读者的著作是在拥护一种还原论（SD, pp. 70 - 71, 145 - 146）。例如，他的意识理论看起来完全是还原式的：丹尼特将人的意识等同于大脑并行架构上运行的"冯·诺伊曼"虚拟机（CE, p. 210）："任何以这种虚拟机作为控制系统的人或物在最完全的意义上都是有意识的，它有意识，因为它具有这台虚拟机"（CE, p. 281）。他甚至承认这是一种还原论，并且为这一还原论进行了辩护，其理由是，真正的解释必须忽略被解释的内容，否则就不是在解释（CE, pp. 454 - 455; SD, p. 144）。但他在《达尔文的危险思想》中也指出，好还原论和"贪心"还原论之间有所区别（DDI, pp. 82 - 83）。好还原论只是厌恶神秘主义并承诺上文所说的机械论。贪心还原论则主张，所有真实存在的东西都可以用最底层的科学，即微观物理学表征。

我们如何理解丹尼特的摇摆不定？在哲学意义上，至少在涉及意向性的问题时，丹尼特仍然是非还原论者。[1] 这是因为，他拒绝将意向现象等同于某种较低层次的现象。这是他实在的模式观念的要点。实在的是分层的，适用于某一层次的概念并不适合于理解和解释其他层次，在这个意义上，不同层次很大程度上彼此相互独立。然而，这并不意味着较低层次的概念在解释高层概念时不起作用。显然对丹尼特而言，人工智能和生物学诉诸的机械现象有助于解释高层概念。但它们在解释中的作用并不是由于等同性：某些机制能够解释意向现象并不是由于二者具有同一性。相反，一种机制解释了某种意向现象是因为它产生了只能从意向立场追踪到的实在的模式。

贪心还原论的问题是，它至少以某种方式违反了丹尼特所赞同的第三条形而上学假设：反本质主义（anti-essentialism）。许多人认为，为使意向性等同于某种机械属性，首先必须对意向性进行准确定义：确定意向性的本质。但我们已经看到，丹尼特认为本质主义与达尔文世界不相容。一种生物形式由其他生物形式逐渐演化而来，生物现象之间不存在清晰的界限。既然意向性是生物学现象,那么此概念的适用条件也是不确定的。这就是为什么我们无法将意向性等同于某种机制。我们必须依据自己运用意向概念的倾向去确定它。随着机制越来越简单,对信息的敏感性越来越少,意向概念越来越不适用(IS, pp. 29 – 33)。如果一个机械过程能够产生越来越复杂的物质系统,而我们越来越倾向于对这个系统使用意向概念,我们就识别出了能够以机械方式解释意向性的过程,这时意向性便得到了机械论解释。自然选择恰恰就是这样一个过程:它表明,服从意向描述的系统,随着其复杂性越来越少,最终如何在这个世界上产生。我们在这里提出了意向性的一种机械论解释,它避免像贪心还原论所要求的那样将意向性与机械属性严格等同起来。

这就是丹尼特的哲学体系。常识形象追踪的现象都是实在的,但它们不完全是我们所认为的那样。对这些现象的去魅(mystery-free)解释必须诉诸无智能机制,如计算算法和自然选择。但这些机制的运作方式却使我们无法将常识概念严格还原为科学概念。自然选择产生的物种逐渐交叠在一起,因此根据物种的本质进行严格的划界是做不到的。严格的还原论无法实现。我们所能做的,就是对自然选择机制如何产生只能从高级意向立场描述才能追踪到的实在的模式做出解释。因此调和问题的解决需要:(1)修正常识概念,使其更易于与科学相容;(2)解释算法机制,尤其是自然选择如何产生这样的系统——其行为只能通过修正版的常识概念才能追踪到。二至六章对上述一般方法的细节进行了说明。

接下来我们要探讨丹尼特体系的局限以及如何做出改进,不过在此之前,我还想就丹尼特的方法论多说几句。丹尼特没有下精准的定义,也没有做正式有效的论证,取而代之以简短精辟的寓言来表明自己的理论根据。这些寓言往往来自科幻小说中的奇思妙想。丹尼特用它们揭示对心的常识概念的真知灼见。在他看来,许多哲学问题看似无解,实际上只是由于想象力的匮乏。哲学家的思想囿于特定的隐喻和思维言语方式中，因而被困在了概念的死胡同里。一旦这些隐喻和思维言语方式丧失了控制力，人们就很容易从中逃离。常识形象与科学形象之间看似不相容，这其实就是由概念陷阱造成的。

丹尼特认为自己提出了另一种隐喻、故事和思维言语方式，能使我们逃离概念的死胡同。根据丹尼特对意识的隐喻理解，许多当代心灵哲学家的心灵都被有害模因侵入了。这些模因非常善于在哲学家或哲学专业学生的心中繁衍，但无益于我们理解自己在科学所描绘的世界中的地位。丹尼特指出，标准的哲学方法基本无助于他达成研究目标。他也承认，如果依据标准的哲学假设，自己的许多主张都会被推翻。而他的目的就是使我们摆脱这些假设（CE, pp. 16–17; FE, p. 307）。这一点单靠论证是实现不了的，因为论证的有效性和他们所诉诸的假设一样。

改善系统的缺陷

对丹尼特体系最有力的批评针对的都是同一个主题：批评者声称他在转移话题。例如，对他意识理论的最常见指责是：那根本不是真正的意识理论（Block, 1993; Searle, 1995）。他们声称，丹尼特不是在解释意识，而是顾左右而言他。丹尼特对其他常识概念的解释也遭到了同样的诟病：意向系统不是真正的信念者；灵活的自我设计能力也不是真正的自由（Strawson, 2003）。对这些诟病的一种解读是，它们或者没有抓住丹尼特理论的要点，或者犯了乞题谬误（beg the question）。丹尼特充分认识到，他试图与科学形象进行调和的常识概念的版本，是对常识概念的传统的、哲学的版本做出的修正。但他的要点是，如果我们接受标准科学，常识概念的传统的版本必须得到修正。

这是在转移话题吗？话题转移的程度与认为水由不可见的微粒构成不相上下。当科学发现水是由 H_2O 分子构成的物质时，我们并没有得出水实际上不存在的结论;相反,我们的结论是,人们对水是什么的认识有误。丹尼特认为,如果我们接受标准科学,我们必须承认在常识概念的问题上犯了相似的错误。但这与主张意向性、意识或自由不是实在的大相径庭。在丹尼特看来,它们就是实在的,只不过我们对它们的许多认识都有错误。丹尼特提议,我们可以修正对某个问题的观点而无须转移话题。

要想对丹尼特转移话题的伎俩进行指责,唯一可行的办法就是表明,他对常识概念提出的修正不合逻辑。你可以主张自己有更好的修正方案,或者认为概念无须修正,抑或提出其他拒绝丹尼特修正法的理由。丹尼特对第一种批评表示欢迎,但认为第二种没有道理:它相当于说,身心问题或调和问题不存在。对丹尼特的哲学批判大部分都集中于第三种方案。该方案主张,丹尼特对常识概念的修正过于激进,他把婴儿连同洗澡水一同泼了出去。用塞拉斯的话说,常识概念最重要的部分在丹尼特的全局观里荡然无存。

批评者们重点关注两个特征:感受性(qualia)和意向状态的因果效力,这两个特征在他们看来是常识形象的核心特征,但在丹尼特的修正版的常识概念里都不复存在。批评者的直觉告诉他们上述概念对常识形象具有核心作用,在绝大多数情况下,该直觉支撑着他们对丹尼特的指责。当然,诉诸直觉的批评者也会提出一些辅助论证。丹尼特质疑感受性的存在,认为意向状态在具体因果序列中不起作用。批评者认为,他的这些观点直接表明,他信奉名誉扫地的证实主义(verificationism)——证实主义主张只有可以客观检验的属性才是实在的(Searle, 1995, p. 59)。此外,他声称意向状态不是具体因果序列中的一部分,而是帮助人们追踪实在模式的抽象物,这个看法注定是成问题的,原因至少还有三个:(1)我们在第六章看到,丘奇兰德担心任何已知的错误理论也具有某种预测效用,因而也能追踪到实在的模式(Churchland, 1989, p. 126);(2)丹尼特的声明有循环论证的风险:意向性由视角确定，而视角本身就是意向现象（Fodor and Lepore，1993，p. 76）；(3) 如果意向状态只是有助于追踪实在模式的抽象范畴，它们如何在演化中得到选择：它们对生物体的成功繁衍具有什么意义（Fodor and Lepore，1993，p. 74）？

意向性

让我们从意向性的要点开始。根据日常的意向性常识概念，意向状态具有因果效力，这么说看起来的确没错。我对天在下雨的信念和我不想淋雨的意愿结合在一起，共同导致我撑起了雨伞。一些哲学家由此提出，意向状态必定不只是追踪人类行为实在模式的有用抽象。导致我的胳膊做出必要的撑伞动作的信念和意愿必定是大脑中具体确定的事件。换言之，意向状态的因果效力意味着它们必须与脑状态相同一。

丹尼特可以正当地拒斥这种推断。假定意向状态具有因果效力，不必意味着它们的因果效力与脑状态的因果效力是同一种意义的效力。认同意向状态可以解释行为或使行为有意义，这样的观点可以说是肯定了日常意向性概念的作用。显然，丹尼特的观点也承认意向状态具有重要的解释作用。

不过，他的观点仍然存在些问题，原因如下。关于意向状态具有因果效力这一常识看法，一种比较有影响力的解读（Davidson，2001，pp. 9–11；Ramsey, Stich and Garon，1995，pp. 205–206）认为，如果有两组或两组以上截然不同的意向状态都能很好地解释某个行为序列，那么必定存在一组事实，它关系着哪组状态实际上发挥了因果作用。考虑一个丹尼特讨论过的案例：山姆是位著名的艺术评论家，多年来一直信誓旦旦地说他儿子的平庸作品具有艺术价值；他至死都不曾放弃自己的看法（BS，pp. 39–40）。丹尼特指出，至少有两组截然不同的意向状态都可以很好地解释他的行为。(1) 艺术评论家如此偏爱他的儿子，以至于他的判断力出现了障碍，他确实相信儿子的平庸作品具有艺术价

值;(2) 艺术评论家并不相信平庸的作品具有艺术价值,但他出于对儿子的感情而坚持这样说。丹尼特主张:

> 即使我们能确定山姆临终前的判断是"我养育了一位伟大的艺术家,这是我唯一的安慰",我们仍然可以坚信,两组截然不同的假设之间的问题还没有解决,因为他的判断可能是种自我欺骗……如果我们确定了某人的判断,却仍然未能解决信念归属的问题,如果事实上每种信念归属都与其他的信念归属一样能够解释、说明和预测山姆的行为,那么我们还能确信山姆确定拥有此信念而非彼信念吗?他实际上真正相信他的儿子是优秀艺术家,与他出于对儿子的爱,在明知真相的情况下自我欺骗,我们能够确信这二者之间有所不同吗?(BS, p. 49)

在某些哲学家看来,这样的情形中必定存在一个事实。无论山姆的外在行为是否与之相符合,两组信念中只有一组实际上在山姆的大脑中发挥了因果作用。这与丹尼特的观点——信念这样的意向状态只是追踪行为实在模式的抽象工具——相矛盾。当两组截然不同的信念归属同样都能很好地追踪实在的模式时,没有什么深层事实,比如说,没有什么书写在大脑中的心理语句能够解决哪组信念归属实际为真的问题。我不太清楚这种看法是否真与我们关于意向状态因果效力的日常直觉有矛盾。我认为,人们往往不太清楚自己做事的原因究竟是什么;不太清楚解释行为的信念和意愿是什么。在这样的情况下,似乎有理由承认,哪个信念或意愿实际上导致了行为,这个问题可能没有答案。答案只会在追踪行为神经/物理原因的较低层面出现,不会在意向层面产生,我们从意向层面追踪到的是行为的理由。不过,这必然与哲学家们的直觉产生冲突,他们主张,在这类情形中必定存在一个事实,它关系着哪组状态实际上发挥了因果作用。

丹尼特可以两种方式回应上述担忧。他既可以抛出这样的观点，即日常意向性概念允许多种意向解释同样有效的情况，不存在更深层次的事实。另外，他也可以承认自己的观点所意味的东西与常识不一致，是对日常意向性概念的修正，以便使其与科学形象更相容。后一种策略需要表明，我们关于大脑的所知告诉我们，存在一些神经学事实，它们决定了在两组截然不同又具有相同解释力的信念中，哪一组实际上导致了某种模式的行为，这是不可能的。鉴于哲学家和科学家在鉴别脑中确定的心理语句时遇到了重重困难，因此丹尼特的立场看起来有理有据。然而，哲学批评者们抱怨说，丹尼特的直觉是承继自赖尔的证实主义和行为主义的产物。这样的出身使他怀疑，未对可见行为产生影响的心理特性是否真的存在。下面我探讨这种普遍的不满。

丹尼特对意向性的理解据说与意向状态具有因果效力的常识假设相矛盾，除此之外，他有时还被指责为循环论证：他看似将意向性定义为从某一视角可辨别的实在的模式，但视角也是意向现象（Fodor and Lepore，1993，p. 76）。这对丹尼特不太公平：他明确提出，无论有没有人发现，实在的模式就在那里（BC，p. 102）。即便如此，有人还是会说，这样的模式太短暂，无法成为"真正实在的"。我们在第六章看到，丘奇兰德提出各种错误理论也追踪到了丹尼特意义上的实在的模式，例如，我们可以从地心论立场，即假定地球是宇宙的中心，去辨别天体的运行模式。此外，福多（Fodor）和勒珀（Lepore）指出（Fodor and Lepore，1993，p. 74），如果意向状态不是具体的，涉及因果关系的自然特征，而只是使我们能够追踪高级模式的抽象物，很难看出它们如何对我们的生存产生影响，因而也很难看出，它们如何在演化中被选中。

我想，丹尼特的观点有能力缓解这种担忧。从意向立场辨别出的实在的模式以客观实在的、具体的物理现象——复制因子为基础。存在一些物理化学结构，当它们面对熵这一自然界不可避免的消亡趋势时，能通过尽可能多的自我复制来存活。因为复制需要资源，而资源是有限的，各种不同的复制因子为有限的资源相互竞争，更擅长获取资源的复制因子比更不擅长获取资源的复制因子产生的后代更多。这就是自然选择，它像其他物理过程一样具体而真实。不过，只用物理科学概念极难追踪到自然选择过程以及自然选择产物的行为。我们有不错的物理原因说明这一点。选择过程对环境条件中的微小变化极为敏感。一个很小的突变可能在一种环境中会直接消亡，而在另一种物理条件稍有不同的环境中则可能迅速成为群体主流。在物理上不可能足够准确地测量每一个决定自然选择过程的潜在相关物理变量。因此，丹尼特提出，物理立场不能用于描述物理现象，这不仅仅是对人类科学的"狭隘"限制。没有哪种物理科学能从物理立场追踪自然选择现象，或追踪自然选择产物的行为（ER，pp. 151 – 152）。

为此，我们必须从更高层立场，如设计立场或意向立场，对自然选择及其产物进行追踪。尽管这些现象所涉及的大部分具体物理原因从高层立场不可见，但重要的原因"脱颖而出"。我们可以预期，在自然选择起作用的地方，擅长从环境中获取生存必需资源的复制因子将成为主流。这证明，只关注那些有助于成功繁衍的变量是正确的，换句话说，对复制因子采用意向立场是正确的。复制因子从物理立场不可追踪，而我们相当幸运地拥有对复制因子采用意向立场的能力，因为我们自己也是复制因子，我们之所以受到自然选择青睐是因为我们具备诸多竞争稀缺资源的能力，其中一项能力便是能够从意向立场追踪我们的同伴。

丹尼特的意向性理论是"温和实在论"（mild realism）（BC，p. 98），对该理论的怀疑可以通过上述方式进行回应。与丘奇兰德的看法相左，从意向立场追踪到的实在的模式比地心说之类的错误理论追踪到的实在的模式更稳健。人从地球表面观察天体的视角真正是区域性的，而我们必须对自然选择产物采用的视角却不是区域性的。丘奇兰德主张，自然选择及其产物构成了一个自然类，它们共享某些重要的物理特性：它们都是非平衡热力学系统（non-equilibrium thermodynamic systems，1982，p. 233）。我之前说过，这些系统恰恰就是众所周知对环境条件非常敏感的系统，以至于它们无法从物理立场进行追踪。于是，这类系统的物理特性解释了为什么它们只能以设计立场和意向立场术语进行解释。因此，从意向立场识别的实在的模式其根基是具体的、物理上稳健的、独立于视角的现象。

这也回应了福多和勒珀的担忧。尽管意向状态不是能够影响自然选择的具体事件，但自然选择确实产生出这样的系统，其行为只能通过归属目标和获取信息进行追踪。某些原则性物理因素造成了这个结果。所以福多和勒珀没有击中目标。尽管从严格意义上讲，自然选择没有选定意向状态，但它选定了某些机制和行为倾向，这些机制和倾向只能通过归属意向状态进行追踪。这是一种模式，对世界的任何完备描述都必须承认这种模式。

总结一下：对丹尼特来说，意向系统是因果秩序中客观实在的具体环节。这些系统是自然选择的产物，因而它们对环境条件相当敏感，以至于人们不可能从物理立场追踪它们。人就是这样的系统，并且人们发明了追踪这类系统的工具：设计立场和意向立场。尽管我们从这些立场归属的状态是抽象的，但立场所适用的系统，以及我们通过立场能够追踪到的行为同其他任何自然现象一样，都是实在而有意义的。

感受性

我们在第三章看到，对大多数哲学家而言，丹尼特体系中最令人无法容忍的地方是他对感受性的怀疑。还有什么能比红色的红、疼痛的痛、红酒的味道更显而易见呢？可是许多读过丹尼特著作的人都看出，他否认感受性存在。在一些批评者看来，任何对意识的"解释"，若是遗漏了这一特性，就是把婴儿连同洗澡水一同泼出去了（Strawson, 1992；Block, 1993；Searle, 1995）。丹尼特时常主张，哲学家们内心所理解的感受性不存在（Dennett, 1988；CE, pp. 365 – 366, 372, 459 –

460；SD，p. 177）。他甚至讽刺道，根据部分哲学家们对"僵尸"的定义——一种除了缺少感受性之外和我们没什么分别的生物，我们都是僵尸（CE，p. 406）。但这只是言语上的胜利。任何声称丹尼特否认红色的红、疼痛的痛和红酒的味道是实在现象的人都严重歪曲了他的观点。

丹尼特主张，"感受性"这个术语，按大部分哲学家的用法来说，是个文学术语，它暗中支持一种丹尼特认为是错误的理论：心灵是个笛卡尔剧场，一个非物质的场所，其中充斥着表象，这些表象的特征无法从第三人称视角进行检验。如果根据定义，感受性是固有的、不可言说的主观现象，那么该定义决定了感受性不是可客观检验的特征。丹尼特认为，要认可该现象存在，就得下决心放弃科学（CE，p. 403）。出于这个原因，如果以这样的方式定义感受性，那么感受性与丹尼特的指导思想，即标准科学穷尽了存在之物的一切知识就不能共存。因此，他得出结论，如此定义的感受性不存在。

但这并不等于否认哲学家称之为感受性的现象存在。红色的红、疼痛的痛、红酒的味道等，在丹尼特看来都是存在的。它们只是不像哲学家理解的那样。例如，我们在第四章看到，对丹尼特而言，颜色是物体表面的一种反射性质。该性质看似不可言说，因为它很难用语言表达。千百万年来，感觉系统与这类性质共同演化，它们是为彼此量身定制的，就像果冻盒被撕开后的两半。有效觉察颜色的唯一可行方法就是使用感觉器官，它正是为此目的而与颜色共同演化而成。根据丹尼特的观点，意识经验的内容丰富多彩，是因为我们用意识经验表征的那些外部性质丰富多彩（CE，p. 408）。我们钟爱的感受性并不是大脑固有的、非物质的、不可言说的主观特性；相反，如果它们的确是某种东西，它们完全就是环境的客观物理特性，只是无法用言语表达出来。

因此，对于被称为感受性的那种特性，丹尼特并不是取消主义者。要说他是什么的话，他是个表征主义者（*representationalist*）：他相信，哲学家称之为感受性的东西是典型的环境特性，这些环境特性由大脑的经验状态所表征（CE, pp. 372 – 373）。表征理论可能是错误的，但说丹尼特否认显然之物存在，这严重歪曲了他的观点：他们在攻击"稻草人"。

证实主义

丹尼特和他的哲学反对者们都认为，彼此间的显著差异源于一个基本的方法论/形而上学假设。丹尼特被指责为在某种程度上拥护证实主义，他本人也承认这一点。证实主义可用以下标语概括：客观可检验的特征才是唯一实在的特征。丹尼特怀疑哲学家所理解的感受性以及僵尸存在的可能性，原因在于感受性的定义决定了它们绝对不是可客观检验的特征。如果是，我们就能辨别某人是不是僵尸。除可见行为模式——可见行为模式体现了行动者的真实信念——之外，是否还存在深层事实，丹尼特对此表示怀疑，原因在于，他看不出这样一个事实如何产生可客观检验的特征。如果能产生，我们会在可见行为中觉察到。

20世纪中期是证实主义的全盛期，之后它失去了哲学家的青睐。传统证实主义存在深层次的问题。本质上讲，证实主义的观点如下：仅当存在检验某物的方法，存在某种潜在的证据时，该物才是实在的。传统证实主义对检验和证据概念做了严格的限定。例如，一种观点认为，某些特性是实在的，仅当它们能对人的感觉经验产生影响。哲学或逻辑行为主义是典型的证实主义理论：它主张，只有能对公开可见的行为产生影响的心理状态才是实在的。这种证实主义形式显然不太合理，因为它过于严苛。科学史已经表明，我们不可能预先知晓，哪种确证某一特性存在的证据将会产生。

丹尼特的证实主义更精致、更简化。他称之为"儒雅的证实主义"（CE, p. 461）。它更像一种谨慎的方法论，而不是一项实际的研究纲领。丹尼特声称，针对那些无法通过定义检验其真实性的概念，我们应当保持谨慎。他并不否认，许多假设尚不能用当前的科学方法进行检验，或者我们今天无法想象某种特性会产生什么影响。然而，如此定义的概念阻止了主体间性检验方法的使用。丹尼特认为，这些概念都值得怀疑。他争议最大的观点恰好反映了他的这种气质。丹尼特怀疑哲学家眼中的感受性，因为其定义导致它们原则上无法进行客观检验。他怀疑僵尸是否真的存在，因为这些生物被认为与有意识的人类不存在原则上的客观差别。出于同样的原因，他怀疑，如果不同信念产生的可见行为之间并未有明显不同，信念之间的差异是否还存在。

我认为，丹尼特的儒雅证实主义很难被反驳。它一点儿不教条。它只是以恰当的方式转移了证实压力。如果不存在可以构想的科学证据支持人们从两种假设之中二选一，那我们就可以正当地假定，两种假设之间不存在实质性差别，除非有人发现了二选一的证据。如果丹尼特抱有这种态度，那么他对感受性及其他先验证实（verification-transcendent）心理现象的怀疑只是暂时的。他不是要排除这些现象存在的可能性，相反，他只是在转移证实压力：如果要他承认心理现象存在，必须向他表明，心理现象的存在产生了什么影响。[2] 当然，丹尼特的反对者们坚信感受性之类的东西确实产生了可检验的影响，只不过这些影响只能从主观的第一人称视角进行检验。而丹尼特正是怀疑这种不可客观检验的主观影响（CE，pp. 126，403-404）。他宁愿将这些直觉的产生归因于理论的误导（CE，p. 461）。

结　语

我在第一章承诺带领大家享受一场旋风之旅。我们已经去过了大部分地方，只是通常看得不那么仔细。丹尼特的思想内容丰富、涉猎广泛，本书这个篇幅的介绍不可能面面俱到。但我希望至少能引起读者更大的兴趣，去进一步探索丹尼特的著作和相关文献。在最后这部分内容中，我想略微谈及几个我很遗憾又不得不忽略的重要问题，并且建议大家关注丹尼特思想中的两个重要的、有待进一步发掘的领域。

前文中最大的空白是对丹尼特与非哲学家的交锋缺乏讨论。我在第五章简要探讨了他对李贝特的主张——有意识的意志不具有效力——所做的批判；然而他对意识的科学研究做出的实质性贡献比我谈到的要大得多。《意识的解释》一书的大部分篇幅都在详细探讨意识知觉的认知神经科学实验。许多认知神经科学家都采纳了丹尼特的提议。这样的交流得益于他与心理学家马塞尔·金斯伯恩（Marcel Kinsbourne）共同发表的论文（Dennett and Kinsbourne, 1992），《意识的解释》中的许多素材都来源于此。丘奇兰德和拉马钱德兰（Ramachandran, 1993）对丹尼特的有意识的视知觉理论进行了批判，而他的回应则是他参与认知神经科学研究的又一个例证。

在职业生涯早期及最近一段时间，丹尼特同样一直在从事人工智能研究。很多他最喜爱的直觉泵都源于人工智能的实际研究工作。他是最早认可人工智能具有哲学重要意义的哲学家之一，这在1978年的文章《作为哲学和心理学的人工智能》（Artificial intelligence as philosophy and psychology）（BS, pp. 109-126）中体现得很明显。他对"框架问题"（frame problem）的探讨是对深刻的哲学问题所做的经典阐释与探究，而该问题最初在许多人看来是人工智能中的纯粹技术问题。20世纪90年代中后期，丹尼特积极参与了罗德尼·布鲁克斯（Rodney Brooks）的项目——在麻省理工学院的人工智能实验室建造了一台名为"考格"（Cog）的人形机器人（BC, pp. 153-170）。

丹尼特对认知行为学和发展心理学的贡献也值得一提。他是最早提倡为非人动物和儿童的高阶思维建立标准心理测试——错误信念任务（the false belief task）——的学者之一。他主张，被试者是否能够掌握骗术可以很好地显示他们是否能够思维别人的思维（thoughts about other thoughts）。为了进行欺骗，被试者必须假定，他们的欺骗对象表征世界的方式与世界实际所是的方式不同,这要求他们具备思维别人思维的能力,即具有高阶思维(higher-order thoughts)。这个提案出现在他的早期论文《人格之条件》(Conditions of personhood)(BS, 275)中。丹尼特在《认知行为学中的意向系统:为"潘格洛斯范式①"辩护》(Intentional systems in Cognitive ethology: the "Panglossian Paradigm" defended)(1983; IS, p. 237 – 268)一文中进一步分析了这个问题。论文第一版包括认知行为学家对他提案的一些讨论。重印版增加了一个附录:《反射:解释猴子、理论家和基因》(Reflections: interpreting monkeys, theorists, and genes)(IS, pp. 269 – 286),根据在非洲研究黑长尾猴的认知行为学家的经验,丹尼特更新了他的观点。

作为哲学家,我自然会关注丹尼特对哲学的贡献,以及他与其他哲学家的交流。然而,任何对认知科学感兴趣的人,如果研究丹尼特与非哲学家的交锋,以及他对他们的影响,就会有很大的收获。

最后,让我们回到哲学,我提出两个方面的问题,我认为在这两方面,丹尼特体系可以取得进一步的哲学发展。第一个问题涉及规范性的本质。我们看到,规范性假设对丹尼特思想至关重要。在最基本的层面,设计立场和意向立场都做了规范性假设:假定系统将会做它们应当做的事。在丹尼特看来,意向状态归属预设了归属对象接近理性规范。正如我们在第五章看到的,丹尼特也强调有效公共规范在人类自由演化中的作用。在《自由的进化》(2003)中,他明确提出了规范性问题。他指出,我们能够以某种方式从统治人类社会的历史性偶然规范中引出"所有理性行动者都必须认同的规范"(FE, p. 303)。他将这一过程与一种历史过程进行了比较,在此历史过程中,人类学会了画越来越直的直线,从而接近了"永恒的柏拉图直线形式"(FE, p. 303)。但这种比

---

① 潘格洛斯(Pangloss)是伏尔泰讽刺小说《老实人》(Candide)中的人物,他对世界抱有乐观主义态度,潘格洛斯范式也就是乐观主义范式。——译者注

较看似将引导出越来越精确的近似规范（approximations of norms）与发现规范和规范性混为一谈了。

更接近特定规范性标准的系统如何能从不太符合规范性标准的系统中演化而来，丹尼特在著作中对这个问题进行了许多合理推测，但规范性概念究竟从何而来，他并没有给出令人满意的阐释。人不只是拥有良好的近似理性规范。人们了解规范同近似规范之间的差别，并且能够在从意向立场解释系统时利用二者之间的差别。但这很令人费解。一个只拥有近似规范的系统如何发展出规范的概念？借用丹尼特的比喻，如果不首先领悟恰当的规范，比如丹尼特随意说出的"永恒的柏拉图直线形式"，我们就永远无法评估画出的直线是不是更直。但我们第一次是怎么想出这种观念的？我们怎么会想出掌控意向立场的理性规范？

丹尼特已经出版的著作尚未就这一问题提出解决方案。而它其实是心灵问题中最古老、最深刻的谜题。柏拉图对此的结论是，我们在现世生活之前生活于形式（Form）之中，我们现在关于形式的知识只是对往世生活的回忆。笛卡尔对此的结论是，一个完美的无限的存在（神）将完美性观念注入了我们的心灵。在丹尼特这样的自然主义者看来，这些"解决方案"根本毫无希望。但使柏拉图和笛卡尔感到绝望的问题对丹尼特而言同样紧迫。如果我们只是成功地近似规范，如果我们发现自己只具有近似规范，那我们怎么能获得规范性观念？

丹尼特体系的另外一个生长点涉及特定的自我指涉动力（self-referential dynamic），我认为他的著作很大程度上忽略了这个问题。该问题在其意识理论中尤为突出。丹尼特主张，笛卡尔剧场尽管是幻觉但延续至今，因为它对组织大脑中的信息流动具有重要作用。用丹尼特的话说，它是个模因综合体（meme-complex），并不关涉任何大脑中的实在之物，但因其实际效用——它帮助我们解决了高阶认知控制问题——而得以保留。不过丹尼特强调要以另外一种模因综合体——"脑中名人"模因综合体取代笛卡尔剧场模因综合体，记住这一点很重要。他这么做的理由是纯粹认识论的：脑中名人模因综合体比笛卡尔剧场模因综合体更精准地表征了心灵的工作机制。但这也引发了一个问题：既然笛卡尔剧场模因综合体很大程度上得以保留，是因其在神经处理过程中的实际效用，而不是因为它是实在的，那么用一种尽管可能是实在的，却未曾检验其实际效用的替代物代替笛卡尔剧场模因综合体，这合理吗？

一个将自己视为笛卡尔剧场的大脑，与一个将自己视为脑中名人的大脑相比，前者潜在执行的是非常不同的认知控制策略。真正相信人的心灵是笛卡尔剧场，与相信笛卡尔剧场只是用户的有用幻觉，二者是截然不同的。这种差异有可能对大脑如何控制信息流动不会产生什么影响。不过，丹尼特观点本身的含义必须得到承认。脑中名人模型只是另一种模因综合体，因此，它寄生的大脑将不会再被笛卡尔剧场模因综合体寄生。但如果笛卡尔剧场在信息流控制方面的作用如此重要，那么丹尼特主张代替它就冒着很大的风险。根据丹尼特自己的看法，以脑中名人代替笛卡尔剧场很有可能显著改变人类意识的本质，而且利弊难测。它就像更新我们电脑的操作系统一样。

丹尼特在一些地方，尤其是《自由的进化》（FE, pp. 14, 16–21, 305）中承认，这只是总体主旨的另一种表达方式。任何以更实在之物代替传统常识概念的理论都必须解释，为什么传统概念如此具有误导性却还能经久不衰。对这个问题的解释总是会诉诸其实用性：它有助于把我们自身想象成是传统意义上自由、理性、有意识的行动者。但这些概念被更实在的概念取代时会面临风险，先前概念所承担的实用功能会受到损害。丹尼特经常指出，我们是"努力进行自我理解的产物"（IS, p. 91）[3]。他提出，传统自我概念在认知生活中具有重要作用。但同时他也希望以新的概念代替那些自我概念，只是尚不清楚这些新概念能否起到同等重要的作用。

这个问题涉及反科学的自我概念为何在现代社会里经久不衰。根据丹尼特自己的理解，他的观点要想被人们真正接受，就不能只是真实的观点。为了控制人的大脑,这些观点必须在与其他模因的竞争中获胜。但就像丹尼特所说的,模因的稳健性与它的真实性无关(CE, pp. 205 - 206)。反科学模因对大多数人的大脑相当有用,以至于它们很难被清除掉,这也是很有可能的。事实上,很可能反科学模因在许多人的大脑中,比丹尼特提出的那些亲科学替代品更擅长控制信息流。这就能解释为什么他的观点遭人反感。认识到了他的系统作用于系统自身的方式,应当会促使丹尼特及其追随者进一步研究这些问题。

实际上,丹尼特看起来已经将注意力转向了这个领域。他最近的著作《打破符咒:作为自然现象的宗教》(*Breaking the Spell*, *Religion as a Natural Pheromenon*, 2006)明确提出了一条详尽的科学进路,用以研究宗教及其在人类生活中的作用。他主张,宗教是一种模因现象:它是特别容易对人脑产生影响的模因的产物。这些模因中有种渎圣模因:禁止质疑宗教信仰。在丹尼特看来,这可以解释为什么科学怀疑论会遭到诸多抵制。丹尼特的智力旅程远未结束。

注 释

序 言

1. 对此问题的详细讨论,见 Ross,2000,pp. 13 – 19。案例参见丹尼特,2000。

2. 我推荐大家阅读他探讨该问题的著作(Ross,2000,pp. 13 – 25)。

第一章

1. 公平地说,没有哪个理论家拒斥常识概念的全部内容。实际上,在斯蒂奇的学术生涯后期,他已经放弃了对常识信念概念的怀疑论。

2. 至少不存在像人一样聪明的小人。更多探讨见第二章。

3. 二元论对这些反驳做出了成熟的回应。然而,二元论仍然充满争议,无论这些回应是否有效。

4. 取消主义对这些反驳做出了成熟的回应。然而,取消主义仍然充满争议，无论这些回应是否有效。

5. 我在这里的意思是，不同类型的大脑像不同类型的计算机一样，可以执行相同的功能。

第二章

1. 或意愿者，或希望者，等等。从现在起，为了方便表达，我统一用"信念"指代命题态度，具有命题态度的系统统一称为"信念者"，但我说的所有内容同样适用于其他类型的命题态度。

2. 例如，下棋程序可能包含早点出动王后的指令。在这不是最佳棋步的情况下，意识立场对程序行为的预测便会失败。

3. 心灵哲学和语言哲学中有个丹尼特也遵循的传统，就是将这种理性的宽松假设作为解释他人所言或所思的核心约束条件（见 Quine，1960，p. 219；Davidson，1984，pp. 136 – 137，152 – 153）。

4. 尤其参见 Marr，1982。

5. 例如，亮度由光感受器及其他特异化视觉信息处理器共同识别。

6. 例如，如果科学发现大脑并不是在运行"心理"程序语言。

7. 至少按照丹尼特当时对他的理解。

8. 电视连续剧《星际迷航》（*Star Trek*）中的人类角色与超逻辑外星人斯波克先生之间形成了幽默的对比，对比的要点就在这里。

9. 这里我援引了丹尼特本人对最初由哲学家罗伯克·诺齐克（Robert Nozick）提出的反驳所进行的讨论（IS，p. 25）。

10. 这一点对其他非人动物的行为，以及某些计算机的行为同样适用。

11. 关于丹尼特的实在的模式概念，以及这个概念是否有助于他避免受到工具主义指责，我将在第六章和第七章做更多探讨。

第三章

1. 正如我在第四章所做的解释,这并不意味着丹尼特认为自我不存在。丹尼特主张,自我可以是实在的,即使严格地讲它不在大脑之中。

2. 赖尔(Ryle,1949)、维特根斯坦(Wittgenstein,1953)、塞拉斯(Sellars,1956)和奎因(Quine,1960)可能是这一思潮最有影响力的思想来源。

3. 许多哲学家赞同丹尼特,认为笛卡尔剧场不能"安置"在神经系统中:它的特性不能由神经系统的活动来解释。而与丹尼特不同,他们的结论不是我们必须放弃笛卡尔剧场,而是科学不能解释意识。尤其参见 Nagel(1974)、Jackson(1982)、Levine(1983)、Chalmers(1996)和 McGinn(1999)。

4. 哲学家所说的"直觉"一词是指某种"未经反思的本能反应"。给出一些谜题或问题,我们可以问人们,在未经反复思考的情况下,最初倾向于接受哪种解决方案或答案。

5. 丹尼特嘲讽道:"你最好的朋友可能就是僵尸!"(CE,p.73)

6. 包括她的身体和衣服以及用于传输数据的设备,也都被涂成了黑白色。

7. 这也是心理学早期的理论流派内省主义(Introspectionism)的主要方法论(Titchener,1898,p.27)。

8. 丹尼特对内省的"视觉化"理解非常不满:从字面上看,"内省"一词意味着"固有观察"。它暗示我们在内省时就是在观察意识的内容;不涉及任何理论化过程。丹尼特主张,内省最好被视为关于某人自身心灵的"即兴理论化"(impromptu theorizing)(CE,p.67),它不受公开证实性的限制。

9. 受理性假设约束的解释与受第一人称权威假设约束的解释之间存在什么差别,对这个问题的明确讨论,见 BS, pp. 19–21。

10. 我们尚不清楚这是否对所有不同文化中的典型被试都成立。丹尼特建议将内省视为对意识内容的"即兴理论化"而不是直接观察。如果不同文化所假定的心灵本质不同,那么我们预计,主体对其心灵的判断也存在文化差异,因而,他们的异现象学世界也存在文化差异。笛卡尔剧场可能是主体构想心灵的独特西方模式。

11. 事实上,一些阴谋理论家相信事情就是这样。

12. 丹尼特经常在解释他的理论时使用类似的社会政治隐喻(SD, pp. 133, 137, 141)。

13. 这对于丹尼特在非人动物意识问题上的看法具有重要意义。我将在第四章详尽分析这个问题。

14. 如果有关系,我们只需要通过问话就能区分有意识的人和他的僵尸复制品。

第四章

1. 这些操作都是由丹尼特所谓的"傻乎乎"的小人执行的:大部分操作都是浏览、打印和删除符号。在数字计算机中,这相当于改变由 1 和 0 组成的字符串,或者换句话说,使开关在"开"(1)和"关"(0)之间快速切换。

2. 教孩子们做长除法的一系列步骤就是算法的一个例子。

3. 事实上,根据丹尼特(CE, p. 212),图灵架构及其扩展物——冯·诺伊曼架构,都受图灵对自己的高度理性的意识流进行内省的激发而产生:他解决问题的方法是,首先将问题分解为一系列步骤,然后依次对相关信息进行简单操作。

4. 吉卜林（Kipling, 1912）收集了许多有关动物特征起源的荒诞故事。在第六章中，我讨论丹尼特对进化生物学中达尔文主义的辩护时，还将进一步讨论这些担忧。

5. 既然复制因子基于自己的目标（存活和繁衍）拥有了做事的理由，它们就是意向系统：通过假定它们将根据所获信息以最可能的理性方式追逐目标，我们能够预测它们的行为。鉴于丹尼特主张成为一个信念者就是成为一个意向系统（见第二章），这意味着复制因子就是最基本的信念者。这种基本信念者做事的理由不必为任何人识别。用丹尼特的术语来说，它们是"自由漂浮的理由"（free floating rationales, IS, 259）。这个概念对于理解意向立场与达尔文自然选择理论之间的关联非常重要。我将在第六章详细讨论自由漂浮的理由以及丹尼特对达尔文进化论的辩护。

6. 正如丹尼特和其他一些人所说的，这可以与学术界任职的过程相提并论（CE, p. 177）。

7. 所有人，无论智商和创造力多高，都是"站在巨人的肩膀上"。贝多芬不能从胡写乱画开始创作他的交响乐，也就是说，他首先得从别人那里学习音乐知识，那些人将数百年来积累的丰富文化遗产传递给他。

8. 丹尼特最近的著作《打破符咒：作为自然现象的宗教》（*Breaking the Spell: Religion as a Natural Phenomenon*, 2006）将这一模因模型纳入宗教信仰的科学解释之中。

9. 我感谢詹姆斯·彼得里克（James Petrik）提出了这个有害模因的杰出案例。

10. 我在第六章会对这种实在论做更多论述，我还将讨论丹尼特的实在的模式理论。

11. 丹尼特的理论还存在许多其他问题，一些是哲学家提出的，一些是科学家提出的。我将在本书最后一章简要评论这些问题。

12. 我这里所说的内容对其他感觉系统及其感觉到的特性同样适用。

13. 见 Tittle（2005），他对经典哲学思想实验进行了极为透彻而简要的介绍。

14. 这与第二章讨论过的，使某物成为意向系统，因而在丹尼特看来，成为信念者的东西，与导致某物获得这种状态的东西，二者之间的区别相类似。

第五章

1. 这里的自由意志论不是政治学中的自由意志论。

2. 丹尼特的意向系统概念是日常信念者概念的替代物，它适用于恒温器，他的异现象学方法和意识自我理论也对它们源于的日常概念进行了修正。

3. 第六章对此有更多阐述。

4. 19 世纪，法国物理学家拉普拉斯（Laplace）想象出一个能精准确定 t 时刻宇宙中每个粒子的位置和动量的妖，以此阐明牛顿物理学中的决定论假设。拉普拉斯妖据说拥有无穷的计算能力，它能根据牛顿定律计算出 t 时刻之前与 t 时刻之后，每个时间点上宇宙的精确状态。

5. 例如遗传因素或儿童早期的经历。

6. 例如，每 13 天采样一次所有中间名以"N"开头的小联盟球员的击球平均值。

7. 这是丹尼特最喜欢也是最具争议的论证策略之一：先表明预想的哲学基础之间的差异并没有造成可察觉的差异，然后主张，它不是真正的差异。像感受性一样，如果真正随机的自我塑造行为造成产生可察觉的差异，那么行动者或观察者为什么要预想差异存在？这种论证策略招致了其他人的鄙视，因为，丹尼特也承认，它们诉诸一种证实主义（*verificationism*）：真正的差异必须至少在原则上是可察觉的。我在最后一章还会更详尽地讨论丹尼特观点的这个特征。

8. 丹尼特在《活动空间》（*Elbow Room*，1984）中第一次使用了这个标语，在《自由的进化》（*Freedom Evolves*，2003）中，他称之为那本早期著作中"可能是最重要的语句"（p. 122 注释）。

9. 用丹尼特的术语来说，那就是"波普尔生物"（Popperian creature）（BS, p. 77; DDI, pp. 375–377; FE, p. 248）。

10. 这里丹尼特很大程度上利用了神经病理学家乔治·安斯利（Ainslie, 2001）最近的观点。

11. 即使不屈服的长期收益超过了屈服的短期收益。

12. 该案例来自丹尼特对安斯利（Ainslie, 2001）的讨论（FE, pp. 207–212）。

第六章

1. 丹尼特认为，自己的观点是个模因复合体，为了生存和繁衍而与其他模因复合体竞争，鉴于此，丹尼特的这一概念重建不只是个隐喻。我在最后一章还将详述这个问题。

2. 例如，参见 CE, pp. 231–241。

3. 新物种的出现。

4. 丹尼特指出，这个类比实际上很不怎么样。我们也能以其他方式在圆拱上安装圆顶，但远不及现在的斗拱美观。事实上，就圣马可教堂的设计者们所面临的问题而言，斗拱基本上是最佳的解决方案：它们以将近最小的表面积支撑着圆顶，而且表面光滑，非常适合安装马赛克。正如丹尼特所说,"圣马可大教堂的拱肩即使在古尔德的扩展意义上也不只是拱肩。它们很大程度上是出于美学原因,从一系列等可能(equipossible)的选项中被选中的适应物"(DDI, p. 274)。

5. 这是计算机科学中的术语,表示一连串的信息单位,或者说一连串 1 和 0。

6. 一个不错的网址:http://www.bitstorm.org/gameoflife/。

7. 丹尼特至少在四个地方对这个游戏进行了详尽而出色的介绍:IS, 38 - 39, BC, pp. 105 - 110, DDI, pp. 166 - 176, FE, pp. 36 - 41。

8. 在谷歌互联网上搜索"生命游戏"这个字符串,产生了数十个网页,都致力于详细研究生命游戏世界中各种新奇存在物的种种特性。

第七章

1. 意识的还原论解释关注意识与意向性的关系:丹尼特从早期研究开始一直致力于借助意向性解释意识。但在丹尼特看来,既然意向性不能还原为机械特性,意识作为一种意向现象,也不能还原为机械特性。

2. 事实上丹尼特可能认为,这在感受性问题上永远不可能发生,因为感受性概念被特意定义为不能产生可客观觉察的影响。

3. 相关讨论参见 CE, p. 24 及 FE, p. 305。

词汇表

适应论（adaptationism）——大部分进化生物学家的观点，认为某种特征在生物群体中的流行可以根据以下事实来解释，它们是适应的，即，有助于生存和繁衍。

能动性（agency）——行动者的特性，行动者是一个系统，其行为是对如何根据信息以最佳方式实现目标进行慎重思考之后做出的。

笛卡尔剧场（Cartesian Theatre）——丹尼特的术语，指的是他所拒斥的那种意识心灵的传统哲学模型。该模型来源于笛卡尔，根据这个模型，意识心灵就像一个剧场，自我在这个剧场之中对表象进行观察。

范畴错误（category mistake）——吉尔伯特·赖尔的术语，指将某一概念错误地用于不恰当的领域。例如，丹尼特认为，将可观察物与不可观察物之间的差别用于大脑就是个范畴错误。

叙事重心（centre of narrative gravity）——丹尼特的意识自我模型。我们必须假设一个虚构的"叙事者"，作为大脑为控制信息流而构建的各种叙事的来源。

共同演化（co-evolution）——一种生物学现象，各种特征相互充当选择压力，从而导致演化加剧。丹尼特主张，可食植物的颜色与辨认颜色的能力是共同演化的。

相容论（compatibilism）——关于自由意志问题的哲学立场，根据相容论，行为可以既是被完全决定的，又是自由选择的：决定论与意志的自由相容。

意识（consciousness）——成为有感觉力的生物有什么样子。哲学家传统上认为，意识状态只有正在经历意识的主体才能通达，意识不可言说，或者说不能完全用公共语言表述。

起重机（crane）——丹尼特的术语，指任何版本的达尔文自然选择机制，用于解释自然界中设计的演化。相比于悬空挂钩，以非神秘的、机械的过程为基础的起重机才是合法的进化论解释。

达尔文主义（Darwinism）——认为自然界的一切智能和设计都可以由达尔文提出的自然选择的进化论来解释。

派生意向性（derived intentionality）——一个表征具有派生意向性，如果它作为表征的地位来自其他表征系统。例如，语词"cat"代表猫，但它的地位来自人类语言使用者的意图。

设计空间（design space）——由所有可能的设计物构成的空间，从变形虫、福特T型汽车到爱因斯坦相对论。丹尼特认为，自然选择及其变体就是探索这一广袤空间的算法。

设计立场（design stance）——由丹尼特首先进行明确阐述的框架，用来根据以下假设，即系统将按被设计的方式行动，去解释和预测系统行为，例如，根据闹钟被设计会响铃这个事实，预测闹钟将会在你希望它响铃的时候响铃。

二元论（dualism）——或者认为人类由两种不同类型的基本实体：物理实体和心灵实体构成，或者认为人类具有两种不同类型的基本属性：物质属性和心理属性。

取消主义（eliminativism）——认为某种假定存在的物质或属性应当从我们的世界观之中取消。例如，大多数人都认为女巫应当被取消。当代一些哲学家主张取消信念这样的心理状态。

认识的（epistemic）——关于我们能知道什么，而不是实际情况是什么。因此，举例来说，认识的可能性是对我们的所知而言可能的东西，而不是真正可能的东西。

本质主义（essentialism）——认为物质、属性、状态和事件都具有本质，也就是作为某物的必要属性。例如，本质主义者可能会说，一只动物只有其父母都是哺乳动物，它才能成为哺乳动物。

扩展适应（exaptation）——斯蒂芬·杰·古尔德的术语，指一种生物特征，其功能已经不是它在演化过程中被选中时的功能。

延伸表型（extended phenotype）——理查德·道金斯的术语，指某些物质或结构，它们不是生物体躯体的一部分，但生物体的基因"设想"它们存在，以便将其整合到重要的生物功能中。

脑中名人（fame in the brain）——这是丹尼特的意识模型，笛卡尔剧场模型的替代物。意识由神经计算机的混杂序列构成，这些神经计算体对大脑长期的整体活动产生了最大影响。

常识心理学（folk psychology）——我们对"什么促使人实施行为"的常识理解。根据传统哲学理解，常识心理学借助信念、愿望、感觉和其他心理状态解释人的行为。

意志的自由（freedom of the will）——人具有意志的自由就是人们有能力自由地选择自己的行为，也就是，某些决定完全取决于我们自己，它不能归咎于自我控制之外的其他因素。

自由漂浮的理由（free-floating rationale）——丹尼特用该术语描述不由任何心灵所表征的行为理由。例如，植物具有枝繁叶茂的理由，但在人类研究植物之前，没人知晓这些理由是什么。

功能主义（functionalism）——一种关于心脑关系的哲学理论。心与脑的特定功能，即思维、意愿、记忆、知觉等相同一。一种功能主义主张，心灵类似于运行在大脑"硬件"上的计算机程序。

渐进说（gradualism）——达尔文的学说，主张演化和物种的生成是增量适应渐进积累的结果。

强决定论（hard determinism）——这是一种关于意志的自由问题的哲学立场，根据该立场，意志的自由是幻觉。我们的一切行为，即使看似是自由选择的，实际上都是由不受我们控制的因素，比如遗传天赋产生的。

异现象学（heterophenomenology）——丹尼特研究意识的客观科学方法。研究人员以文字记录主体对其意识经验的言说，从而构建主体的"异现象学世界"。

小人问题（homunculus problem）——这个问题产生于认知科学对智能的解释。任何解释，如果或公开或隐秘地利用了心灵内部的行动者，也就是与被解释的行动者拥有同样智能的行动者，都会遇到这个问题。

不相容论（incompatibilism）——一种关于意志的自由问题的哲学立场，该立场认为意志的自由与决定论不相容：某个行为在同一时刻不可能既是被完全决定的，又是自由选择的。强决定论和自由意志论都属于不相容论。

非决定论（indeterminism）——一种关于意志的自由问题的哲学立场，该立场认为，某些决定不是由之前的原因完全决定的，因而是潜在自由的。

不可言说性（ineffability）——据说是意识状态的特性。一个状态如果不能通过语言表达，就是不可言说的。例如，想象一下向一位天生的盲人表达红色看起来的样子。

工具主义（instrumentalism）——工具主义认为，某些概念或范畴仅仅只是有用的预测工具，这对应任何实在之物。丹尼特的观点，即心理状态的归属有助于我们追踪实在的模式，通常被视为心灵的工具主义理论并因此遭到批判。

意向立场（intentional stance）——由丹尼特首先进行明确阐述的框架，用以根据最佳设计假设或理性解释和预测系统的行为。人们将系统应当具有的信念和意愿归属于它,并预测系统将根据那些信念和意愿以最合理的方式做出行动。

意向性(intentionality)——图片、文字、心理状态以及计算状态所共有的特性,指代表、关涉或表征某个对象、事件、状态或特性。例如,语词"cat"具有意向性,因为它代表猫。

解释主义(interpretationism)——解释主义认为,心理状态不是真正实在的状态,也就是说,人们将它解释为什么,它就是什么。解释主义与工具主义的关系非常密切。丹尼特经常被指责为支持某种解释主义理论。

固有的(intrinsic)——一种属性是对象所固有的,如果即使世界上不存在其他对象,它仍然具有这种属性。例如,成为一位母亲就不是固有属性。尽管很难想出不具争议性的固有属性例子,许多哲学家还是将意识看作某些心理状态的固有属性。

直觉泵(intuition pump)——丹尼特的术语,指一种思想实验,其目的是激起对某一哲学问题的直觉反应。例如,设想某人在一个只有黑白颜色的环境中学习了大脑的全部科学知识。如果他看到红色,他会学到新东西吗?许多人都直觉地认为他会学到新东西。

乔伊斯机器(Joycean machine)——丹尼特对意识心灵的文学/计算隐喻。意识流像一台虚拟串行机,借助自由语言的使用得以安装在大脑硬件上。丹尼特将这台虚拟机命名为"乔伊斯机器",以向詹姆斯·乔伊斯的意识流小说致敬。

思维/心理语言(language of thought/mentalese)——是杰瑞·福多强烈捍卫的理论假设,主张人的思维是由类似于计算机程序语言的思维语言所执行的计算。命题态度与扮演某种角色的思维语言的语句相同一。

拉普拉斯妖(Laplace's demon)——法国物理学家皮埃尔·西蒙·拉普拉斯编造的假想智能者,用来阐明牛顿物理学的决定论含义。拉普拉斯主张，如果他的妖能够测量任何时刻宇宙中全部物质微粒的位置和动量，它就能追溯世界的历史，预测宇宙的未来。

自由意志论（libertarianism）——一种关于意志的自由问题的哲学立场，该立场认为，某些人类行为是自由选择的结果，出于这个原因，某些人类行为便不是由不受我们控制的因素决定的。

逻辑/哲学行为主义（logical/philosophical behaviourism）——一种哲学观点，涉及对谈论心理现象的日常语言的分析。根据逻辑行为主义，"疼痛""信念""意愿"等语词必须根据公开可见的行为进行分析，而不是将它们当作不可见的心灵状态。

模因（meme）——理查德·道金斯用这个术语表示文化选择的单位。正如基因在生物演化中得到选择和传递，模因，比如观念、发明、思想体系等，在文化演化中得到选择和传递。

心脑同一论（mind-body identity theory）——关于心脑关系的哲学理论。心就是脑，正如水就是由 H_2O 分子构成的物质一样。

规范性（normativity）——规范性是一种现象，它涉及正确与不正确的状态或事件之间的差别。断定一种行为是非理性的，就是做出了一种规范性判断。丹尼特的意向立场诉诸关于行为模式合理性的规范性判断。

概念世界（national world）——从意向立场对某一系统进行解释能构建行动者的概念世界，即行动者所认为的世界。它可能并不与世界实际所是的样子相对应。例如，行动者可能根据他们所掌握的证据相信"概念对象"存在；正如许多小孩子相信圣诞老人存在一样。

客体的（objective）——想象一下宇宙的"上帝"视角，它包含着所有真正存在的事实和对象，也只包含真正存在的事实和对象。这就是客观世界。它与个别、有限的视角所形成的主观世界不同，主观世界由世界在主观视角中的呈现方式构成。

原初意向性（original intentionality）——丹尼特用该术语描述那个

许多哲学家假定只适用于人类心理状态的概念。某个状态具有原初意向性，如果它作为表征的状态并非源于自身以外的他物。在某些人看来，语词和其他人造物的意向性源于人的意向性，人具有原初意向性。

并行处理（parallel processing）——既是典型的大脑运算方式，也是联结主义（connectionist）计算模型。它是许多同时处理信息的简单处理器，而不是一个以串行方式处理信息，也就是一次处理一个条目的强大处理器。

现象学（phenomenology）——一个哲学术语，指的是对现象的研究或事物呈现的方式。胡塞尔是现象学历史上最重要的人物。他提出了从现象本身研究现象，悬搁实在世界的方法。

表型可塑性（phenotypic plasticity）——个体的表型在个体存活期间适应新环境的能力。一些物种的个体能够在存活期间不断学习。这与其他物种相比是个巨大的优势，而其他物种只能通过自然选择，经过若干代生物才能产生适应。

物理立场（physical stance）——由丹尼特首先进行明确阐述的框架，它基于系统的物理状态和相关物理定律解释和预测系统的行为。例如，你的电脑不工作了，你对此的解释是电脑没插电源。

囚徒困境（prisoner's dilemma）——涉及多主体战略决策的博弈论模型。人们用它模拟社会及生物学现象。在囚徒困境中，最好的结果是同伴合作而自己背叛，但鉴于所有涉事者都会这么想，于是所有人都会背叛，这对他们来说不是最坏的结果。

投射主义（projectivism）——一种哲学理论，涉及颜色及其他感觉属性的本质。鉴于没有哪种客观属性对应于我们对颜色的常识判断，因此心灵必定是将颜色投射至外部对象。

命题态度（propositional attitudes）——哲学术语，指具有命题或语句内容的心理状态。例如，我的信念"华盛顿是美国的首都"，其内容由命题给出，命题由语句"华盛顿是美国的首都"表达。我的信念就是对这个命题的态度。

点状自我（punctate self）——丹尼特用这个术语表示自由意志不相容论背后的假设。要使意志真正丧失效力，它必须是脑中一个具体可确定的微观事件。丹尼特对这一观点进行了批判。

感受性（qualia）——这一个哲学术语，描述的是意识经验的固有属性。许多哲学家都认为，意识包含主体的感受性。感受性是固有属性，因为具有不同感受性的经验可以与其他状态产生相同的因果关系，而具有相同感受性的经验又可以与其他状态产生不同的因果关系。

实在论（realism）——关于某个概念的实在论，就是认为这个概念对应于世界中的某个实在之物。心理状态的实在论认为，心理状态真实存在。实在论分为不同的程度：从强实在论到思维语言假说（信念是脑中的心理语句），再到丹尼特的意向模式"温和"实在论。

还原论（reductionism）——有关高层次与低层次范畴之间关系的哲学立场。强还原论相信，要使信念这样的高层次范畴是实在的，它必须真正与脑状态或功能这样的低层次范畴相同一。

自我意识（self-consciousness）——具有自我意识就是当你有意识的时候你知道自己是有意识的，并且知道自己意识到了什么。尽管大多数人承认一些非人动物也是有意识的，但没有太多证据显示它们具有自我意识。

串行处理（serial processing）——标准台式机的典型运算方式。一个强大的处理器以串行方式，也就是一次一个条目处理信息。

悬空挂钩（skyhook）——丹尼特的术语，表示在解释自然设计物时诉诸神秘力量的介入。悬空挂钩不是像起重机那样根据盲目的机制解释设计的出现，而是诉诸未被解释的智能去解释设计的出现。

弱决定论（soft determinism）——一种关于自由意志问题的相容论立场。一些人类行为在同一时刻既是自由选择的，又是被决定的。这是丹尼特的立场。

拱肩（spandrel）——斯蒂芬·杰·古尔德的术语，指一种生物特征不是因其适应性功能而被选择，而是进化发展的结构约束产生的结果。该术语来自建筑学：它表示用于支撑教堂圆顶的结构，古尔德认为，这是将圆顶安装在圆拱上的必然产物，而不是特意设计的建筑。

主体的（subjective）——世界在个别、有限的视角那里呈现的方式。与世界真正所是的方式，即世界的客观本质相对。

图灵机（Turing machine）——由阿兰·图灵提出的抽象数学模型，模拟能够计算任何算法可解函数的机制。任何原则上可以分步解决的问题都能由图灵机解决。

证实主义（verificationism）——根据这种哲学观，要知道某种主张为真还是为假，必须存在检验或证实它的方法。

虚拟机（virtual machine）——一个计算机科学术语，表示在通用计算机上运行的由软件指定的专用"机器"。例如，文字处理器是根据在标准台式计算机硬件上运行的软件指定的虚拟机。

冯·诺伊曼机（Von Neumann machine）——标准台式机那样的计算机由一个单独的强大处理器构成，能够对从可靠而庞大的存储器，如大多数计算机的"硬盘驱动器"中导入的信息进行简单操作。

僵尸（zombie）——这个哲学术语表示有意识的人的假想物理复制品，只是它没有意识。从"外部"进行观察，僵尸与有意识的人没有差别：他们拥有相同的脑状态，实施相同的行为。然而，从"内部"观察，它们有所不同：僵尸缺乏感受性。

参考文献

本书中援引的丹尼特主要著作以下列代码表示：

BS（头脑风暴）	1978. Brainstorms. Cambridge, MA, MIT Press.
ER（活动空间）	1984. Elbow Room. Cambridge, MA, MIT Press.
IS（意向立场）	1987. The Intentional Stance. Cambridge, MA, MIT Press.
CE（意识的解释）	1991. Consciousness Explained. Boston, Little, Brown and Company.
DDI（达尔文的危险思想）	1995. Darwin's Dangerous Idea. New York, Simon and Schuster.
BC（智慧结晶）	1998. Brainchildren. Cambridge, MA, MIT Press.
FE（自由的进化）	2003. Freedom Evolves. New York, Viking.
SD（甜蜜的梦）	2005. Sweet Dreams. Cambridge, MA, MIT Press.

其他著作

Ainslie, G. 2001. *Breakdown of Will.* Cambridge, UK, Cambridge University Press.

Austin, J. 1961. 'Ifs and Cans', in J. O. Urmson and G. Warnock (eds) *Philosophical Papers*, pp. 205 – 232. Cambridge, Cambridge University Press.

Block, N. 1993. 'Review of Consciousness Explained', *Journal of Philosophy*, 90, 181 – 193.

Boesch, C. 1991. 'Teaching among wild chimpanzees', *Animal Behaviour*, 41, 530 – 532.

Boyd, R. and Richerson, P. 1992. 'Punishment Allows the Evolution of Cooperation (or Anything Else) in Sizable Groups', *Ethology and Sociobiology*, 13, 171 – 195.

Boyd, R. and Richerson, P. 1996. 'Why Culture is Common, but Cultural Evolution is Rare', *Proceedings of the British Academy*, 88, 77 – 93.

Chaitin, G. 1975. 'Randomness and Mathematical Proof', *Scientific American*, 232, 47 – 52.

Chalmers, D. 1996. *The Conscious Mind.* Oxford, Oxford University Press.

Chisholm, R. 1982. 'Human Freedom and the Self', in G. Watson (ed.) *Free Will*, pp. 26 – 37. Oxford, Oxford University Press.

Churchland, P. M. 1981. 'Eliminative Materialism and the Propositional Attitudes', *Journal of Philosophy*, 78 (2), 67 – 90.

Churchland, P. M. 1982. 'Is "Thinker" a Natural Kind?', *Dialogue*, 21, 223 – 238.

Churchland, P. M. 1989. *A Neurocomputational Perspective.* Cambridge,

MA, MIT Press.

Churchland, P. S. and Ramachandran, V. S. 1993. 'Filling In: Why Dennett is Wrong', in B. Dahlbom (ed.) *Dennett and his Critics*, pp. 28 – 52. Oxford, Blackwell.

Cronin, H. 1991. *The Ant and the Peacock.* Cambridge, UK, Cambridge University Press.

Davidson, D. 1984. *Inquiries into Truth and Interpretation.* Oxford, Clarendon Press.

Davidson, D. 2001. *Essays on Actions and Events.* Oxford, Clarendon Press.

Darwin, C. 1959. *The Origin of Species by Charles Darwin: A Variorum Text*, ed. M. Peckham. Pittsburgh, PA, University of Pennsylvania Press.

Dawkins, R. 1976. *The Selfish Gene.* Oxford, Oxford University Press.

Dawkins, R. 1982. *The Extended Phenotype.* San Francisco, CA, Freeman.

Dawkins, R. 1986. *The Blind Watchmaker.* London, Longmans.

Dennett, D. 1983. 'Intentional Systems in Cognitive Ethology: the "Panglossian Paradigm" Defended', *Behavioural and Brain Sciences*, 6, 343 – 390.

Dennett, D. 1988. 'Quining Qualia', in A. Marcel and E. Bisiach (eds) *Consciousness in Contemporary Science*, pp. 42 – 77. New York, Oxford University Press.

Dennett, D. 1993. 'Back from the Drawing board', in B. Dahlbom (ed.) *Dennett and his Critics*, pp. 203 – 235. Oxford, Blackwell.

Dennett, D. 2000. 'With a Little Help from my Friends', in D. Ross, A. Brook and D. Thompson (eds) *Dennett's Philosophy*, pp. 327 – 388. Cambridge, MA, MIT Press.

Dennett, D. 2006. *Breaking the Spell: Religion as a Natural Phenomenon.* New York, Viking Adult.

Dennett, D. and Kinsbourne, M. 1992. 'Time and the Observer: the Where and When of Consciousness in the Brain', *Behavioural and Brain Sciences*, 15, 183 – 247.

Descartes, R. 1984. *Meditations on First Philosophy*, in J. Cottingham, R. Stoothoff and D. Murdoch (trans./eds) *The Philosophical Writings of Descartes*, volume II, pp. 1 – 62. Cambridge, UK, Cambridge University Press.

Eigen, M. 1992. *Steps towards Life.* Oxford, Oxford University Press.

Fodor, J. 1975. *The Language of Thought.* Cambridge, MA, Harvard University Press.

Fodor, J. 1987. *Psychosemantics.* Cambridge, MA, MIT Press.

Fodor, J. and Lepore, E. 1993. 'Is Intentional Ascription Intrinsically Normative?', in B. Dahlbom (ed.) *Dennett and his Critics*, pp. 70 – 82. Oxford, Blackwell.

Frank, R. H. 1988. *Passions within Reason: The Strategic Role of the Emotions.* New York, Norton.

Gould, S. J. and Eldredge, N. 1993. 'Punctuated Equilibrium Comes of Age', *Nature*, 366, 223 – 227.

Gould, S. J. and Lewontin, R. 1979. 'The Spandrels of San Marco and the Panglossian Paradigm: A Critique of the Adaptationist Programme', *Proceedings of the Royal Society*, B205, 581 – 598.

Gould, S. J. and Vrba, E. 1981. 'Exaptation: A Missing Term in the Science of Form', *Paleobiology*, 8, 4 – 15.

Hamilton, W. 1964. 'The Genetical Evolution of Social Behaviour, pts. I and II', *Journal of Theoretical Biology*, 7, 1 – 52.

Hardcastle, V. 1998. 'The Binding Problem', in W. Bechtel and G. Graham (eds) *A Companion to Cognitive Science*, pp. 555 – 565. Oxford, Blackwell.

Husserl, E. 1982. *Ideas Pertaining to a Pure Phenomenology and to a Phenomenological Philosophy-First Book*: *General Introduction to a Pure Phenomenology*. The Hague, Nijhoff.

Jackson, F. 1982. 'Epiphenomenal Qualia', *Philosophical Quarterly*, 32 (127), 127 – 136.

Kane, R. 1996. *The Significance of Free Will*. Oxford, Oxford University Press.

Kipling, R. 1912. *Just So Stories*. Garden City, NY, Doubleday.

Küppers, B. 1990. *Information and the Origin of Life*. Cambridge, MA, MIT Press.

Levine, J. 1983. 'Materialism and Qualia', *Pacific Philosophical Quarterly*, 64, 354 – 361.

Libet, B. 1999. 'Do We Have Free Will?', in B. Libet et al. (eds) *The Volitional Brain*: *Towards a Neuroscience of Free Will*, pp. 47 – 58. Thorverton, UK, Imprint Academic.

Liebniz, G. 1989. 'The Monadology', in R. Ariew and D. Garber (trans./eds) *Philosophical Essays*, pp. 213 – 25. Indianapolis, IN, Hackett Publishing Company.

Marr, D. 1982. *Vision*. San Francisco, CA, W. H. Freeman.

McGinn, C. 1999. 'Can We Solve the Mind-Body Problem?', *Mind*, 98, 349 – 366.

Minsky, M. 1985. *The Society of Mind*. New York, Simon and Schuster.

Nagel, T. 1974. 'What Is It Like to Be a Bat?', *Philosophical Review*, 83 (4), 435 – 450.

Putnam, H. 1960. 'Minds and Machines', in S. Hook (ed.) *Dimensions of Mind*, pp. 138 – 164. New York, New York University Press.

Quine, W. 1960. *Word and Object*. Cambridge, MA, MIT Press.

Ramsey, W., Stich, S. and Garon, J. 1995. 'Connectionism, Eliminativism, and the Future of Folk Psychology', in C. MacDonald (ed.) *Connectionism: Debates on Psychological Explanation*, pp. 199 – 225. Cambridge, MA, Blackwell.

Rorty, R. 1993. 'Holism, Intrinsicality, and the Ambition of Transcendence', in B. Dahlbom (ed.) *Dennett and his Critics*, pp. 184 – 202. Oxford, Blackwell.

Ross, D. 2000. 'Introduction: The Dennettian Stance', in D. Ross, A. Brook and D. Thompson (eds) *Dennett's Philosophy*, pp. 1 – 26. Cambridge, MA, MIT Press.

Rumelhart, D. E., McClelland, J. L. and the PDP Research Group (eds) 1986. *Parallel Distributed Processing*. Cambridge, MA, MIT Press.

Ryle, G. 1949. *The Concept of Mind*. London, Penguin Books.

Searle, J. 1995. 'Review of *Consciousness Explained*', *The New York Review of Books*, 42 (November 16), 56 – 59.

Sellars, W. 1956. 'Empiricism and Philosophy of Mind', in H. Feigl and M. Scriven (eds) *Minnesota Studies in the Philosophy of Science*, vol. I: *The Foundations of Science and the Concepts of Psychology and Psychoanalysis*, pp. 253 – 329.

Sellars, W. 1963. *Science, Perception and Reality*. London, Routledge and Kegan Paul.

Stich, S. 1982. 'Dennett on Intentional Systems', in J. I. Biro and R. W. Shahan (eds) *Mind, Brain, and Function*, pp. 39 – 62. Norman, OK, University of Oklahoma Press.

Stich, S. 1983. *From Folk Psychology to Cognitive Science*. Cambridge,

MA, MIT Press.

Strawson, G. 1992. 'Review of *Consciousness Explained*', *Times Literary Supplement*, 4664 (August 21), 5-6.

Strawson, G. 2003. 'Review of *Freedom Evolves*', *New York Times Book Review*, 108 (9), 11.

Titchener, E. 1898. *A Primer of Psychology*. New York, Macmillan.

Tittle, P. 2005. *What If...* New York, Pearson.

Tomasello, M., Kruger, A. C. and Ratner, H. H. 1993. 'Cultural learning', *Behavioural and Brain Sciences*, 16, 495-552.

Wason, P. C. 1960. 'On the failure to eliminate hypotheses in a conceptual task', *Quarterly Journal of Experimental Psychology*, 12, 129-140.

White, S. L. 1991. *The Unity of the Self*. Cambridge, MA, MIT Press.

Wittgenstein, L. 1953. *Philosophical Investigations*. Oxford, Blackwell.

索 引*

A

以其他方式行动 ability to do otherwise 109，116

禁欲 abstinence 138 – 139

行动 actions 1, 2, 5, 10 – 11, 110 – 112, 114

适应论 adaptationism

  适应论与　达尔文主义 and Darwinism 125 – 127, 133, 185

  适应论与　意向状态 and intentional states 134 – 135

  适应论与　自然选择 and natural selection 140 – 141

  适应论与　实在的模式 and real patterns 151

能动性 agency 185

  能动性与　行动 vs 动作 and actions *versus* motions 10 – 11

  能动性与　大脑 and the brain 17 – 19

  能动性与　自我 and self 10 – 12

---

* 索引页码为原书页码，即本书边码。——译者注

行动者因果 agent causation 108 – 109

算法信息论 algorithmic information theory 145 – 146

算法 algorithms 43, 76

    算法与 智能 and intelligence 129 – 130

    算法与 自然选择 and natural selection 130 – 132, 137, 159

利他 altruism 137

动物 animals

    动物与 意识 and consciousness 7, 79 – 80, 95 – 98

    动物与 道德责任 and moral responsibility 115

拟人论 anthropomorphism 144

反本质主义 anti-essentialism 126, 158

反还原论 anti-reductionism 44 – 45

显明设计 apparent design 126

表象 appearances 15 – 16, 27, 57 – 58, 113

    还可参见 异现象学；感受性 *see also* heterophenomenology; qualia

阿姆斯特朗, 大卫 Armstrong, David 22

人造物 artefacts 135, 151, 152

    人造物与 派生意向性 and derived intentionality 128

人工智能 artificial intelligence 1, 28, 43, 171

    人工智能与 达尔文主义 and Darwinism 127 – 129

    人工智能与 "智能借贷" and 'loans of intelligence' 129 – 130

奥斯汀, 约翰 Austin, John 104

可规避性 avoidability 103, 107 – 108

B

"诱导转向" 'bait and switch' 125, 156

行为主义 behaviourism 25–28, 154–155, 169, 189–190

信念 beliefs 31

 错误（信念）false 5–6, 39, 48

 信念与 思维语言 and language of thought 4, 32, 44–45

 信念的 常识概念 manifest concept of 33

信念者 believers

 信念者 定义 vs 信念者 因果 definition *versus* causation of 45–47

 作为意向系统 的信念者 as intentional systems 44–45

 信念者与 非理性 and irrationality 47–49

 信念者与 理性 and rationality 48, 49–52

捆绑问题 binding problem 16–17

盲人钟表匠 blind watchmaker 135

凉亭鸟 Bower Bird 87

大脑 brain

 大脑与 能动性 and agency 17–19

 大脑与 意识 and consciousness 15–17

 大脑与 意向性 and intentionality 13–15, 17, 24

 大脑 探查 probing of brain 69–72

 还可参见 脑中名人 *see also* fame in the brain

《打破符咒：作为自然现象的宗教》（丹尼特）*Breaking the Spell: Religion as a Natural Phenomenon* (Dennett) x, 139, 175

布鲁克斯，罗德尼 Brooks, Rodney 171

布利丹驴 Buridan's Ass 121

C

笛卡尔式唯物主义 Cartesian Materialism 155

笛卡尔剧场 Cartesian Theatre 7-8, 9, 10, 16, 17, 67-68, 71, 155, 167, 185

 笛卡尔剧场与 诉诸直觉 and appeal to intuitions 58-59

 笛卡尔剧场与 意识自我 and conscious self 55

 笛卡尔剧场与 第一人称视角；主体性 and first-person perspective; subjectivity 55

 笛卡尔剧场与 经验的根深蒂固性 and incorrigibility of experience 55-56, 57

 笛卡尔剧场与 经验的不可言说性 and ineffability of experience 55

 笛卡尔剧场与 经验的固有属性 and intrinsic properties of experience 59-60, 61, 72-73

 笛卡尔剧场与 现象时空 and phenomenal space and time 57-58, 113

 笛卡尔剧场与 小人预设 and presupposition of homunculus 56

 笛卡尔剧场与 僵尸 and zombies 58-60

范畴错误 category mistakes 72, 107, 113, 155, 185

物理世界的因果封闭 causal closure of the physical world 20

多因素论 causal over-determination 21

因果 causation

 行动者 因果 agent 108-109

 因果 vs 定义 versus definition 45-47

 因果 日常概念 ordinary notion of 104-105

中心执行者 central executive, 中心执行者 幻觉 illusion of 68-69

叙事重心 centre of narrative gravity 85-90, 185

查尔默斯, 大卫 Chalmers, David 20

特征 character, 固定 特征 as fixed 105-106

下棋计算机 chess-playing computers 35, 36-37, 42-43, 102, 145-147, 150-151

童年 childhood 99, 112, 181

选择 choice 2

  还可参见 自由意志 see also free will

丘奇兰德，保罗 Churchland, Paul 2, 45, 152, 165–166

共同进化 co-evolution 185

  颜色与人类视觉系统 的共同演化 of colours and human visual system 92–93, 167–168

  感觉与感官特性 的共同演化，以及果冻盒类比 of senses and sensory properties, and Jell-O box analogy 93–94

共同操作 co-operation 117–119, 122

认知行为学 cognitive ethology 171

认知神经科学 cognitive neuroscience 12–13, 170

认知科学 cognitive science 12

  认知科学与 计算机隐喻 and computer metaphor 46

  认知科学 解释 explanations in 41–42

  认知科学 方法论 methodology of 43

掷硬币大赛 coin-tossing tournament 130–131

颜色 colour

  颜色作为 复杂且带有欺骗性的属性 as complex gerrymandered property 92

  颜色的 投射论 projectivist theory of 91–92

  颜色与 感受性 and qualia 167

  作为实践上不可言说的感官经验 sensory experiences, as practically ineffable 91–95, 167–168

承诺 commitment, 情绪 承诺 emotional 119, 120

相容论 compatibilism 100, 115, 186

  还可参见 不相容论 see also incompatibilism

计算体 computational agents 69, 71

计算机 computers 128

    计算机 架构 architecture of 75 – 77

    计算机与 人类认知 and human cognition 23 – 25, 46

    还可参见 生命游戏 see also Game of Life

证实偏见 confirmation bias 61 – 62

符合 conformity 118

联结主义模型 connectionist models 76

有意识的意志与 准备电位 and readiness potential 112 – 114

意识 consciousness 186

    意识与 大脑 and the brain 15 – 17

    意识与 笛卡尔剧场 and Cartesian Theatre 7 – 8, 9

    意识的 魔法圈 charmed circle of 71, 97

    意识的 程度 degrees of 72, 97 – 98

    意识作为 回声室 as echo chamber 96 – 97

    意识的 评价成分 evaluative component of 88 – 90

    意识科学的难问题 the hard question for a science of 89

    意识是 幻觉 as an illusion 68 – 69, 74, 75

    意识的 根深蒂固性 incorrigibility of 55 – 56, 57

    意识的 不可言说性 ineffability of 8, 55, 67, 91 – 95, 167 – 168, 188

    意识的 常识概念 manifest concept of 33

    意识的 混合隐喻 mix of metaphors for 86

    非人 意识 non-human 7, 79, 95 – 98

    意识的 政治隐喻 political metaphor for 85

    意识与 大脑探查 and probing the brain 69 – 72

    意识与 感官自我刺激 and sensory self-stimulation 90, 91, 138

意识流 stream of 16, 75, 77
　　　意识与　主体性 and subjectivity 6-7, 9-10, 15-16
　　　意识与　思维 and thought 8-9
　　　意识与　透明性 and transparency 7
　　　意识与　言语自我刺激 and verbal self-stimulation 69-70, 77, 95-98
　　　不具有语言　的意识 without language 8, 96-98
　　　还可参见　脑中名人；乔伊斯机器 see also fame in the brain; Joycean machine
《意识的解释》（丹尼特）Consciousness Explained (Dennett) (CE) 170
共识评价 consensus evaluation，对丹尼特思想的共识评价 consensus evaluation of Dennett's work ix
"恒定速率论" 'constant speedism' 142-143
控制 control
　　　内源性　控制 endogenous 80
　　　高阶控制问题 higher level control problem 84
　　　自我控制 self-control 120-121, 138
起重机 cranes 133, 137-138, 139, 186
"文化起重机" 'cranes of culture' 138
批判 criticism，对丹尼特的批判 of Dennett
　　　转移话题 'changing the subject' 160-161
　　　福多和勒珀 Fodor and Lepore 161, 164
　　　意向性 intentionality 161-166
　　　感受性 qualia 166-168, 169-170
　　　把婴儿连同洗澡水一同泼了出去 throwing the baby out with the bathwater 161, 167
　　　证实主义 verificationism 168-170
文化进化 cultural evolution

作为共同操作行为的文化进化 as co-operative act 117–119, 122

　　文化进化与　乔伊斯机器 and Joycean machine 82–83

　　文化进化的　模因模型 memetic model of 83, 137–139

　　文化进化与　自然选择 and natural selection 126

文化学习 cultural learning 117–119, 122

D

达尔文主义 Darwinism 111–12, 122, 186

　　达尔文主义与　适应论 and adaptationism 125–127, 133, 134–135, 151

　　达尔文主义与　人工智能 and artificial intelligence 127–129

　　达尔文主义与　"诱导转向" and 'bait and switch' 125, 127, 156

　　达尔文主义的终结 as bankrupt 140

　　对达尔文主义的诋毁 denigration of 126–127

　　还可参见　自然选择 see also natural selection

《达尔文的危险思想》（丹尼特）*Darwin's Dangerous Idea*（Dennett）（DDI）128, 157

数据压缩 data compression 145–147

戴维森，唐纳德 Davidson, Donald 162

道金斯，理查德 Dawkins, Richard 18, 83, 86, 128, 131, 135, 137, 138, 142, 190

欺骗 deception 171

深思熟虑 deliberation 11, 109

丹尼特 Dennett

　　历史背景中的丹尼特 in historical context 19–29

隐喻 metaphors，隐喻的使用 use of 159–160

形而上学假设 metaphysical assumptions 156–158

还可参见 对丹尼特的批判 see also criticism, of Dennett

派生意向性 derived intentionality 4, 53–54, 127–129, 186

笛卡尔，勒内 Descartes, René 2, 7–8, 19–20, 26, 173

设计 design，显明 设计 apparent 126

设计空间 design space 136, 139, 140, 186

设计立场 design stance 34–36, 37, 42, 103, 107–108, 133–34, 149–150, 186

意愿 desires 4, 5, 31

决定论 determinism

    设计立场，决定论与 可规避性 design stance, and avoidability 103, 107–108

    做正确的事 doing the right thing 120

    决定论与 可避免性 and evitability 102–103

    不相容论，决定论的错误 incompatibilism, errors of 104–106

    不可避免性 inevitability 101

    决定论与 意向系统 and intentional systems 101–102

    悄然脱罪幽灵 spectre of creeping exculpation 115–116

发展心理学 developmental psychology 171

分配设计工作 distributing design work 130

分配智能 distributing intelligence 130

脱氧核糖核酸 DNA 140

二元论 dualism 186

    笛卡尔 二元论 Cartesian 2, 19–21

E

意识的回声室 echo chamber of consciousness 96–97

艾根 Eigen, M. 139

取消主义 eliminativism 20, 168, 186

    破坏自身 的取消主义 as undermining itself 21

情绪承诺 emotional commitment 119

情绪符号 emotional signals 118–119

文化适应 enculturation 121

内源性控制 endogenous control 80

熵 entropy 164

环境规则 environmental regularities 81

副现象论 epiphenomenalism 20

认识的 epistemic 187

认识界限 epistemic horizon 105–106

认识的可能性 epistemic possibility 105–107

本质 essence 111

本质主义 essentialism 111–112, 126, 158, 187

伦理学 ethics x

可避免性 evitability 102–103

进化 evolution 130–132, 137, 159

    还可参见 文化进化；达尔文主义；自然选择 *see also* cultural evolution; Darwinism; natural selection

进化稳定策略 evolutionarily stable strategy 117

进化的"军备竞赛" evolutionary arms race 118

进化生物学 evolutionary biology 12-13, 133

进化故事的合理性 evolutionary narratives, plausibility of 77-78

扩展适应 exaptation 141, 187

延伸表型 extended phenotype 86-87, 131, 187

F

甄别伪装者 faker detection 118

假装遵守 faking conformity 118

错误信念任务 false belief task 171

错误信念 false beliefs 5-6, 39, 48

脑中名人 fame in the brain 56, 67-73, 74, 187

 脑中名人作为 模因综合体 as meme-complex 173-174

虚构 fiction, 虚构的 意识自我 conscious self as 88

虚构世界 fictional worlds 64

最初的生命形式 first life forms 136, 139

第一人称权威性 first-person authority 62-63, 66, 72, 74

第一人称视角 first-person perspective 55

福多，杰瑞 Fodor, Jerry 21, 23, 32, 44, 45, 46, 161, 164, 189

民间心理学 folk psychology 5, 187

化石记录 fossil records 78, 150, 152

 化石记录的 时间解析度 temporal resolution of 142

框架问题 frame problem 171

弗兰克，罗伯特 Frank, R. H. 119

自由行动者 free agents

 能动性，自由行动者与 大脑 agency, and the brain 18-19

　　　　个人与责任 persons and responsibility 11–12

　　自由漂浮的理由 free-floating rationales 134–136, 187

自由意志 free will 2

　　　　自由意志与"行动者因果" free will and 'agent causation' 108–109

　　　　计算模型 computational models 24

　　　　自由意志与非决定论（凯恩）free will and indeterminism（Kane）109–112

　　　　具有道德重要性的类型 morally significant variety 115–121

　　　　自由意志的日常概念 ordinary concept of free will 101

自由 freedom

　　　　相容论 compatibilism 100

　　　　强决定论 hard determinism 100

　　　　非决定论 indeterminism 100

　　　　自由意志论 libertarianism 100

　　　　先前对自由的判断 prior judgements of 115–116

　　　　自由与　责任 and responsibility 99

　　　　弱决定论 soft determinism 100

　　　　意志　的自由 of the will 187

　　　　还可参见　决定论；不相容论 *see also* determinism; incompatibilism

《自由的进化》（丹尼特）*Freedom Evolves*（Dennett）（FE）172, 174

功能主义 functionalism 23–24, 187

未来 future

　　　　看似开放　的未来 apparently open 105–106

　　　　与我们的未来进行斗争 bargaining with 119–120

　　　　封闭　的未来 as closed 107

　　　　开放　的未来 as open 106–107

G

生命游戏 Game of Life 127 – 128

 生命游戏的　设计立场理解 design stance understanding of 149 – 150

 滑行机模式与高阶模式 glider pattern, and higher-level patterns 149 – 150

 生命游戏的　意向立场理解 intentional stance understanding of 150 – 152

 哲学意义 philosophical implications 147 – 148

 生命游戏的　物理立场理解 physical stance understanding of 148 – 149

博弈论 game theory 117

基因 genes

 基因中心视角 gene-centred perspective 134, 137

 基因与　自然选择 and natural selection 18 – 19

表型 genotypes 86, 140, 141

地心论立场 geocentric stance 164

"机器中的幽灵" 'ghost in the machine' 26

上帝 God 173

古尔德 Gould, S. 139 – 142, 143

渐进说 gradualism 140, 142 – 143, 187

H

强决定论 hard determinism 100, 112 – 115, 188

难以伪装的符号 hard-to-fake signal 118–119
异现象学世界 heterophenomenological world 68, 74
异现象学 heterophenomenology 56, 156, 188
 异现象学与人类学类比 anthropology, analogy to 65–66
 基于文字记录的异现象学 as based on transcripts 64–65
 异现象学与 第一人称权威性 and first-person authority 62–63, 66, 72, 74
 异现象学与 假想世界的建构 and hypothetical world, construction of 65–66
 异现象学的 形而上学中立性 metaphysical neutrality of 65–66, 67
 异现象学 vs 概念世界, 异现象学, 异现象学的建构 heterophenomenology *versus* notional world, construction of 63–64
 异现象学作为 表象世界 as world of appearances 62, 72–73
启发式方法 heuristics 42
个体发生学的隐性结构约束 hidden architectural constraints on ontogeny 140–142
高阶控制问题 higher level control problem 84
高阶思维 higher-order thought 171
小人 homunculi
 小人 谬误 fallacy 17
 小人 启发式方法 heuristics 42
 小人 的无穷回退 infinite regress of 56
 小人 的智能借贷 loans of 41, 42–43
 小人 问题 problem of 133, 188
人类生物学 human biology 12
胡塞尔, 埃德蒙德 Husserl, Edmund 190–191

I

意向性不在观察者眼中 in the eye of the beholder 145, 146

内含适应度 inclusive fitness 137

不相容论 incompatibilism 99 – 100, 101, 188

    不相容论与 强决定论 and hard determinism 112 – 115

    不相容论作为 懒惰的形而上学好奇 as idle metaphysical curiosity 108, 121

    不相容论与 自由意志论 and libertarianism 108 – 112

非决定论 indeterminism 100, 126, 188

不可言说性 ineffability 8, 55, 67, 91 – 95, 167 – 168, 188

不可避免性 inevitability 101

    还可参见 可避免性 *see also* evitability

信息生物 informavores 80, 81 – 82, 84

"内心之眼" 'inner eye' 9, 10, 16

精神错乱 insanity 47

工具主义 instrumentalism 51 – 52, 135 – 136, 144, 152, 188

智能 intelligence, 智能作为 算法过程 algorithmic processes 129 – 130

智能设计 intelligent design 132 – 133

"意向心理学" 'intentional psychology' 5

意向立场 intentional stance 188

    意向立场与 反还原论 and anti-reductionism 44 – 45

    意向立场与 信念者 and believers 44 – 52

    意向立场与 设计立场 and design stance 34 – 36, 37

    意向立场与 解释主义 and interpretationism 50 – 52

意向立场 vs 思维语言假说 *versus* language of thought hypothesis 44–47

非狭隘 的意向立场 as not parochial 165

意向立场与 物理立场 and physical stance 34, 36

意向立场与 物理系统 and physical systems 33–36

意向立场与 命题态度 and propositional attitudes 38

意向立场与 合理性假设 and rationality assumption 38–39, 172

意向状态 intentional states

意向状态与 适应论 and adaptationism 134–135

意向状态的 归属 ascription of 151

意向状态的 因果力 causal powers of 161–164

独立于视角的 意向状态 as perspective-dependent 145

意向状态与 实在论 and realism 145–146

意向系统 intentional systems 37–41, 50–52

意向系统与 实在的模式 and real patterns 143–145

意向性 intentionality 3–6, 188

意向性、行动与动作 actions and motions 10–11

意向性与 大脑 and the brain 13–15, 17, 24

意向性与 循环 and circularity 164

作为具有因果力的意向状态 intentional states, as having causal powers 161–164

意向性的 机械论解释 mechanistic explanations of 158

意向性与 "温和实在论" and 'mild realism' 165–166

原初/固有 意向性 vs 派生 意向性 original/intrinsic *versus* derived 4, 24, 53–54, 127–129, 186

意向性与 实在的模式 and real patterns 164–165

复制因子 的意向性与 自然选择 的意向性 of replicators, and natural selection 164–165

兴趣 interests 78-79

解释主义 interpretationism 50-52, 189

内心的思想斗争 intra-personal bargaining 119

固有/原初意向性 intrinsic/original intentionality 4, 24, 53-54, 127-129, 186, 189

固有属性 intrinsic properties 59-60, 61, 72-73

内省 introspection 8

内省主义 introspectionism 179

直觉泵 intuition pumps 94-95, 171, 189

不变因素 invariant causal factors 104

非理性 irrationality 47-49

J

乔伊斯机器 Joycean machine 114, 189

  乔伊斯机器与　动物意识 and animal consciousness 79-80

  乔伊斯机器与　计算机架构 and computer architecture 75-77

  乔伊斯机器与　自我意识幻觉 and conscious self, illusion of 75

  乔伊斯机器与　文化演化 and cultural evolution 82-83

  乔伊斯机器与　内源性控制 and endogenous control 80

  乔伊斯机器与　演化故事的合理性 and evolutionary narratives, plausibility of 77-78

  乔伊斯机器与　高阶哺乳动物的认知能力 and higher mammals, cognitive capacities of 81-82

  乔伊斯机器与　不可言说性 and ineffability 91-95

  乔伊斯机器与　自然选择 and natural selection 82

乔伊斯机器与 表型可塑性 and phenotypic plasticity 81-83

乔伊斯机器与 理由 vs 纯粹原因 and reasons *versus* mere causes 78-79

乔伊斯机器与 作为叙事重心的自我 and self, as centre of narrative gravity 85-90

乔伊斯机器与 自我导向言语 and self-directed speech 84-85, 86, 95-98

乔伊斯机器与 意识流 and stream of consciousness 75, 77

乔伊斯机器与 警觉能力 and vigilance, capacity for 80

乔伊斯机器与 虚拟机 as virtual machine 75-77, 122

只是故事 just-so stories 78

K

凯恩,罗伯特 Kane, Robert 109-112, 114, 126

亲缘选择 kin-selection 137

金斯伯恩 Kinsbourne, M. 170

知识 knowledge 121-122

库佩尔 Küppers, B. 139

L

语言 language

    语言与 模因 and memes 83-85, 86, 87

    语言与 大脑探查 and probing the brain 69

公共语言 public 8, 186

还可参见 言语行为；言语自我刺激；语词 see also verbal behaviour; verbal self-stimulation; words

源于语言的意识 language-deprived consciousness 8, 96–98

思维语言 language of thought 189

思维语言与 信念 and beliefs 4, 32, 44–45

思维语言 vs 意向立场 versus intentional stance 44–47

思维语言与 程序语言 and programming languages 44

还可参见 心理语言 see also mentalese

拉普拉斯，皮埃尔·西蒙 Laplace, Pierre-Simon 105, 189

拉普拉斯妖 Laplace's demon 105, 148, 189

物理定律 laws of physics 18, 19, 34, 191

学习 learning

文化学习 cultural 117–119, 122

社会学习 social 82

莱布尼兹，戈特弗里德·威廉 Leibniz, Gottfried Wilhelm 27–28

自由意志论 libertarianism 189

自由意志论与 本质主义 and essentialism 111–112

自由意志论与 自由意志 and free will 108–112

李贝特，本杰明 Libet, Benjamin 112–114

智能借贷 loans of intelligence 40–42

逻辑/哲学行为主义 logical/philosophical behaviourism 25–28, 154–155, 169, 189–190

路德，马丁 Luther, Martin 109–110, 114, 120

M

常识概念 manifest concepts
 常识概念与 被更实在的概念取代 and replacement by more veridical surrogates 174
 常识概念的 修正主义定义 revisionist definitions of 155–156, 160–161, 169

常识形象 manifest image 1–2
 常识形象与 意识 and consciousness 6–10
 削弱常识形象 deflating 27, 28
 常识形象与 意向性 and intentionality 3–6
 常识形象与 道德责任 and moral responsibility 88, 115
 自我与能动性 self and agency 10–12
 还可参见调和问题 *see also* reconciliation problem

梅纳德–史密斯，约翰 Maynard-Smith, John 117

机械论 mechanism
 大脑机械论 of brain 27–28
 机械论承诺 commitment to 156–157

模因 memes 83, 173, 190
 反科学模因 anti-scientific 174
 模因与 文化演化 and cultural evolution 83, 137–139
 模因与 人类语言 and human language 83–85, 86, 87
 模因作为 复制因子 as replicators 83

心理语言 mentalese
 心理语言与 定义 vs 因果力 and definition *versus* causation 46–47

心理语言与　工具主义 and instrumentalism 51–52

　　还可参见　思维语言 see also language of thought

隐喻 metaphors 159–160

形而上学假设 metaphysical assumptions 156–158

形而上学 metaphysics 65–66, 67, 108, 121, 156–158

方法论原则 methodological principles 153–154

心脑同一论 mind-brain identity theory 190

心作为神秘领域 miraculous realm, mind as 27

分子演化 molecular evolution 139

道德责任 moral responsibility 88, 115

道德 morality 136, 138

意识的"多重草稿模型"　参见　脑中名人多重意向解释 'Multiple Drafts Model' of consciousness see fame in the brain multiple intentional explanations 163–164

可多重实现性 multiple realizability 23

N

内格尔，托马斯 Nagel, Thomas 6, 55, 58

自然/人工差异 natural/artificial distinction 127–129

自然选择 natural selection

　　自然选择　算法 algorithm of 130–132, 137, 159

　　自然选择与　利他 and altruism 136, 137

　　自然选择与　"诱导转向"策略 and 'bait and switch' strategy 125, 156

　　自然选择作为　保守过程 as conservative process 143

自然选择与　设计 and design 128–131

　　自然选择与　隐性架构的发展 and development, hidden architectural 对自然选择的约束 constraints on 140–142

　　自然选择与　"扩展适应" and 'exaptation' 141

　　自然选择与　最初生物体 and first organisms 136, 139

　　自然选择与　基因 and genes 18–19

　　自然选择与　渐进说 and gradualism 142–143

　　自然选择与　人类意识 and human consciousness 136

　　自然选择与　意向状态 and intentional states 54, 166

　　自然选择与　意向立场 and physical stance 164–165

　　自然选择与　对规则的学习 and regularities, learning of 80–81

　　自然选择与　复制因子 and replicators 79, 164–165

　　自然选择与　对环境条件的敏感性 and sensitivity to environmental conditions 158

　　还可参见　适应论；机器人 see also adaptationism; robots

自然主义 naturalism 26, 28

新行为主义策略 neo-behaviourist strategy 155–156

神经系统 nervous system

　　多样化的神经系统 as diversified 79–80

　　神经系统知识 knowledge about 12–13

　　神经系统与　还原论 and reductionism 22–23

　　神经系统作为　社会实体 as social entity 18, 68

　　神经系统与　思维 and thoughts 13–15

中立状态 neural states 13–15, 16, 17

神经科学 neuroscience 12–13, 170

非平衡热力学系统 non-equilibrium thermodynamic systems 166

非遗忘性 non-obliviousness 120–121

非还原论 non-reductionism 44, 157 – 159

规范性 normativity 35, 37, 190

    规范性的引导 bootstrapping of 172 – 173

规范 norms

近似规范 approximations to norms 172

理性的 rational 172

概念对象 notional object 39

概念世界 notional worlds 39, 190

O

客观性 objectivity 190

    客观性与 意识 and consciousness 6 – 7, 9 – 10, 15 – 16

    客观性与 意向状态 and intentional states 145

奥卡姆剃刀 Ockham's Razor 73

定向反应 orienting response 80

原初/固有意向性 original/intrinsic intentionality 4, 24, 53 – 54, 127 – 129, 186, 190

P

疼痛 pain 23, 25, 167

全适应论 panadaptionism 141

寓言的使用 parables, use of 159 – 160

并行处理 parallel processing 76 – 77, 86, 190

人 persons 11-12

依赖视角 perspective dependence 145

现象时空 phenomenal space and time 57-58, 113

现象学 phenomenology 61-62, 156, 190-191

表型 phenotypes 130, 134-135

 源于基因型的发展 development from genotypes 140, 141

 延伸表型 extended 86-87, 131, 187

表型可塑性 phenotypic plasticity 81-83, 191

哲学行为主义 philosophical behaviourism 25-28, 154-155, 169, 189-190

哲学直觉 philosophical intuitions 163

哲学自然主义 philosophical naturalism 26, 28

哲学"体系" philosophical 'systems' ix-x

物理立场 physical stance 34, 36, 43, 103, 107, 191

物理系统 physical systems 18-19, 20, 27-28, 31-36, 39-40, 51, 144

普赖斯, 乌林 Place, Ullin 22

植物 plant life 79

柏拉图 Plato 172, 173

柏拉图形式 Platonic forms 172-173

政治 politics x, 70, 85, 86

可能性 possibility

 可能性的 日常概念 ordinary notion of 104-105

 主观可能性 subjective 105-107

预适应论 preadaptationism 141

可预测性 predictability 37-38, 50-52

预测 prediction 106, 119-121

倾向 preferences 89

囚徒困境 prisoner's dilemma 117–118, 191
投射信息 projectible information 104–105
投射论 projectivism 92, 191
命题态度 propositional attitudes 5, 8, 32, 38, 191
伪随机 pseudo-random 110–111
公开可证实性 public verifiability 62, 169, 179
点状自我 punctate self 113–114, 191
间断平衡 punctuated equilibrium 140, 142–143
惩罚 punishment 116, 118
普特南，希拉里 Putnam, Hilary 23–24

Q

感受性 qualia 191
感受性与颜色 qualia and colour 167
 丹尼特对感受性的批判 Dennett's criticism of qualia 166–168, 169–170
 感受性与经验的固有属性 qualia and experience, intrinsic properties of 59–60, 61, 72–73
 还可参见表象 *see also* appearances
量子力学 quantum physics 109
奎因，威拉德·冯·奥曼 Quine, Wilfred von Orman 26

R

随机性 randomness 110–111

棘轮效应 ratchet effect 83

理性 rationality 38–39, 44, 48, 49–52, 172

 还可参见 非理性；理由 see also irrationality; reasons

理性假设 rationality assumption 38–39, 172

准备电位 readiness potential 112–114

实在的模式 real patterns 122–123, 135–136

 实在的模式与 适应论 and adaptationism 151

 实在的模式与 算法信息理论 and algorithmic information theory 145–146

 实在的模式与 设计模式 and design patterns 147

 实在的模式与 独特的信念归属 and distinct belief ascriptions 163–164

 实在的模式与 作为物理系统的人类 and humans as physical systems 52

 实在的模式与 意向模式 and intentional patterns 146–147

 实在的模式与 意向系统 and intentional systems 143–145

 实在的模式 作为干扰物 as noisy 146

 实在的模式与 还原论 and reductionism 157–158

 错误理论追踪 的实在的模式 tracked by false theories 164, 165

 还可参见 生命游戏 see also Game of Life

实在论 realism 191–192

理由 reasons

 给出和询问理由 giving and asking for 120

 理由与 纯粹原因 and mere causes 78–79

互惠利他 reciprocal altruism 137

调和问题 reconciliation problem 19–20, 21, 23–24, 25, 26–28, 31–32, 39–40, 52–53, 100–101, 113, 121–123, 144, 153, 156, 159

还原论 reductionism 21–25, 192

 信念与思维语言 beliefs, and language of thought 4, 32, 44–45

 好还原论 vs 贪心还原论 good *versus* greedy 157–158

宗教 religion 139, 175

复制因子 replicators 78–79, 83, 134, 137–138, 164–165

表征 representation 16, 71, 173

表征主义 representationalism 168

名声 reputation 118, 119

责任 responsibility

 责任与 以其他方式做事的能力 and ability to do otherwise 109–110

 责任与 能动性 and agency 11–12, 18–19

 责任与 有意识的意志 and conscious will 112–114

 责任与 自由 and freedom 99

 道德责任 moral 88, 115

 承担责任 taking 116–121

机器人 robots

 机器人与 人工智能 and artificial intelligence 127–130

 机器人与 看似不佳的设计 and design, apparently poor 134–135

 进化与自然选择算法 evolution, and algorithm of natural selection 130–132, 137, 159

 机器人与 自由漂浮的理由 and free-floating rationales 134–136

 人形机器人"考格" humanoid, 'Cog' 171

 人类作为机器人 humans as 18

 机器人与 作为算法过程的智能 and intelligence, as algorithmic processes 129–130

 机器人与 智能设计 and intelligent design 132–133

机器人与　打破自然/人工区分 and natural/artificial distinction, breakdown of 131－132

机器人与　渴求悬空挂钩 and skyhooks, yearning for 132－133

赖尔, 吉尔伯特 Ryle, Gilbert 25, 26, 71, 114, 122, 154, 155

S

著名艺术评论家　山姆 Sam, the famous art critic 162－163

科学 science

 《时代周刊》标准的科学 *Time Magazine* standard 154, 156

 还可参见　认知科学; 神经科学 see also cognitive science; neuroscience

科学形象 scientific image 1－2

 能动性与大脑 agency, and the brain 17－19

 意识与大脑 consciousness, and the brain 15－17

 充实　科学形象 inflating scientific image 27－28

 意向性与大脑 intentionality, and the brain 13－15

 神经科学 neuroscience 12－13

 还可参见　调和问题 *see also* reconciliation problem

自我 self

 自我与　能动性 and agency 10－12

 自我作为　中心执行者 as central executive 10, 11, 18, 68, 75

 自我作为　叙事重心 as centre of narrative gravity 85－90, 185

 自我与　自由决定 and free decisions 27

 自我知识 knowledge of 120, 121

 变强大 making large 116, 121

　　　　点状自我 self as punctate 113 – 114, 191

　　　　自我概念 self-conceptions 174

自我意识 self-consciousness 7 – 8, 9, 192

自我控制 self-control 120 – 121, 138

自我定义的叙事 self-defining narratives 113 – 114

自我导向言语 self-directed speech 69 – 70, 77, 84 – 85, 86, 90, 95 – 98

自我塑造行为 self-forming actions 110 – 112, 114

自我利益 self-interest 117, 119, 139

自我预测 self-prediction 120 – 121

自我 – 再设计 self-redesigners 107, 114 – 115, 120, 121

丹尼特著作中的自我指涉动力 self-referential dynamic in Dennett's work 173

自我牺牲 self-sacrifice 138 – 139

自我刺激 self-stimulation 90, 91, 138

塞拉斯，威尔弗雷德 Sellars, Wilfrid x, 1, 2, 153

感觉 senses 90, 91

实践上不可言说的感官经验 sensory experience, as practically ineffable 91 – 95, 167 – 168

语句 sentences 5, 32

串行处理 serial processing 76, 77, 192

情境 – 反应机 situation-action machines 114

悬空挂钩 skyhooks 132 – 133, 137, 192

斯马特 Smart, J. J. C. 22

社会学习 social learning 82

　　还可参见　文化学习 see also cultural learning

弱决定论 soft determinism 100, 192

熟练的交流 sophisticated communication 120 – 121

拱肩 spandrels 140, 192

物种形成 speciation 140

物种 species 80,81,82,83,87,92,93,125,142,143

"悄然脱罪幽灵" 'spectre of creeping exculpation' 115–116

斯蒂奇,斯蒂芬 Stich, Stephen 2,47,49

意识流 stream of consciousness

 意识流与 作为幻觉的意识自我 and conscious self as illusion 16,74,75,77

 意识流与 言语自我刺激 and verbal self-stimulation 69–70,77

主体性 subjectivity 6–7,9–10,15–16,50,61,105–107,192

生存机器 survival machines 18,19,129

T

抑制诱惑 temptations, resisting 118–120

理论同一 theoretical identification 21

第三人称视角 third-person perspective 6

 还可参见 异现象学 see also heterophenomenology

思想实验 thought experiments

思想实验作为"直觉泵" as 'intuition pumps' 94

"色盲神经科学家玛丽" 'Mary the colour-blind neuroscientist' 60–61,94–95

思维 thoughts

 思维的 内容 content of 4–5,9

 思维与 意向性 and intentionality 3–4,13–15

 被误解的思维 mistaken 5–6

 思维与 自然选择 and natural selection 126

思维与　命题态度 and propositional attitudes 5

无意识思维 unconscious 8–9

凭运气的比赛对凭技能的比赛 tournaments of luck *versus* tournaments of skill 131

图灵，阿兰 Turing, Alan 76

图灵机 Turing machine 76, 150, 151, 192

V

价值 values x

言语行为 verbal behaviour 63, 66, 72, 74

　　言语行为的　反馈效应 feedback effects of 72

　　还可参见　自我导向言语 *see also* self-directed speech

言语自我刺激 verbal self-stimulation 69–70, 77, 84–85, 86, 95–98

证实主义 verificationism 161, 193

　　儒雅的证实主义 urbane 169–170

　　还可参见　公开可证实性 *see also* public verifiability

警觉 vigilance 80

虚拟机 virtual machines 75–77, 91, 157, 193

虚拟连线 virtual wire 85

口头交流 vocal communication 84

　　还可参见　语言；自我导向言语；言语行为；语词 *see also* language; self-directed speech; verbal behaviour; words

冯·诺伊曼，约翰 von Neumann, John 75–76

冯·诺伊曼机 von Neumann machine 75–77, 86, 90, 91, 157, 193

W

"是什么样子" 'what it is like to be' 6
怀特, 斯蒂芬 White, Stephen 116
维特根斯坦, 路德维希 Wittgenstein, Ludwig 25
语词 words 3–4, 13–14, 17

Z

僵尸 zombies 58–60, 66, 73, 136, 167, 169, 193